FOLIO JUNIOR
théâtre

Le gobe-douille

et autres diablogues

Roland Dubillard

Petit carnet de mise en scène
de Félicia Sécher

Gallimard Jeunesse

Sommaire

Le tilbury

UN

Hue !

DEUX

Poussez-le, commissaire.

UN

Vous êtes sûr qu'il n'y a pas de démarreur ?

DEUX

Chez les deux-chevaux, si. Mais pas chez un cheval.

UN

Il n'a pas l'air commode. Vu de face. On se demande avec quoi ça regarde, un cheval ? Avec ses yeux, ou avec ses trous de nez ? Vous savez ça, commissaire ?

DEUX

Ça dépend s'il est normal ou pas. C'est comme nous. Il y a des gens on se demande s'ils vous regardent avec leurs oreilles ou quoi. Georges, par exemple, à chaque fois qu'il me dit quelque chose j'ai l'impression d'être sourd.

UN

Vous êtes dingue, oui.

DEUX

Sourdingue, si vous y tenez.

UN

Hue ! Pourquoi tu pars pas, cheval ?

DEUX

Parce que vous êtes devant son nez.

UN

Attention, y a une mouche. Il va éternuer. Une mouche qui lui grimpe dans la narine droite.

DEUX

Si on arrive à Bar-le-Duc, ça sera pas demain la veille.

UN

Qui c'est qui a voulu aller à Bar-le-Duc en tilbury ?

DEUX

Je savais pas ce que c'était. Venez donc vous asseoir

sur le banc à côté de moi. J'ai apporté mon petit Littré.

UN

Moi j'ai apporté mon petit litron. Ça fera la paire. Allez, hue ! Cheval ! Montre-nous de quoi t'es capable ! Moi je vais m'asseoir. Les rênes.

DEUX

Rennes : je cherche : Quadrupède du Nord, du même genre que le cerf.

UN

Non. Rênes avec un seul N et un circonflexe.

DEUX

Ah les rênes : tenez les voilà. Remarquez, un renne ou deux, c'est pas mal non plus, comme cheval.

UN

Les rennes ! Ça tire les traîneaux, pas les tilburys.

DEUX

Dommage qu'il ne neige plus.

UN

De toute façon, Rennes, c'est pas Bar-le-Duc.

DEUX

Non, mais est-il bête ! Parole vous devenez gâteux ! Rêne : « courroie de la bride d'un cheval ».

UN

Hop ! Hop et hop ! — c'est ça que vous appelez des rênes ? Eh bien je vous les passe.

DEUX

Ce cheval, j'en ferai qu'une bouchée à la reine, avec vos rênes. Flop ! Flop.

UN

Mais non. Il ne bougera pas. Tout ce qu'il faut, c'est qu'il mâchonne cette espèce de sucre d'orge en fonte qu'on lui a glissé à travers son râtelier.

DEUX

Le mors.

UN

Le roi est mort, vive la reine.

DEUX

Je vous réponds plus, c'est bien simple. C'est peut-être ça qui l'empêche d'avancer. Son mors.

UN

Oui. Il mord son mors, voilà tout ce qu'il fait.

Deux

Le mors, ça vaut pas la côtelette de morse, comme chewing-gum. Au Groenland, jadis, je nourrissais mes rennes avec du morse en conserve.

Un

Vous savez, ce cheval, c'est bien possible qu'il soit mort.

Deux

Non. Chez le loueur de tilburys, j'ai bien précisé que je voudrais un cheval vivant.

Un

Hue cocotte.

Deux

Vaudrait peut-être mieux…

Un

Lui parler en morse ? J'étais justement en train d'y penser.

Deux

Tic, titic tic tititic tic titic tic…

Un

Si vous commencez à l'injurier, il va se buter.

DEUX
L'injurier, non…

UN
Quoi ! je sais le morse, moi aussi. Je l'ai compris, ce que vous disiez, tic titic tic ! Vous l'avez traité de Bourrin.

DEUX
Bon, bon télégraphiez-lui vous même, que nous sommes attendus à Bar-le-Duc.

UN
Je me demande s'il a toutes ses pattes, ce cheval.

DEUX
Tout à l'heure, quand il galopait, j'en ai compté trente-deux.

UN
C'est la stroboscopie qui fait ça.

DEUX
Je ne suis pas stroboscope.

UN
Alors c'est que vous n'avez pas d'instruction. Trente-deux pattes !

DEUX

Ça existe.

UN

Oui. Il y a des chevaux qui ont trente-deux pattes. Je vais même vous dire combien il y en a, des chevaux qui ont trente-deux pattes. Il y en a huit. Et encore, il faut qu'ils s'y mettent tous ensemble.

DEUX

Quatre pattes chacun ?

UN

Quadrupède, parfaitement.

DEUX

Il y a dans le monde des tas de choses que je ne comprendrai jamais.

UN

Vous n'avez qu'à compter : une patte, deux pattes, trois pattes… C'est bien ce que je pensais : il en manque une.

DEUX

S'il n'a que trois pattes, c'est pas un cheval, c'est un genre de tricycle.

UN

Ah, non ! Il y en a quatre, ce qui fait illusion c'est qu'il s'est croisé les deux pattes de devant. Qu'est-ce que vous faites ? Je ne vois pas la nécessité de consulter une carte routière quand on ne bouge pas.

DEUX

J'essaye de repérer l'endroit où on est. Et j'ai le regret de vous informer qu'il n'y a absolument rien sur cette carte qui ressemble à l'endroit où on est.

UN

Bêtise sur bêtise ! Louer un tilbury, pétrifier un cheval, acheter une carte qui n'est même pas ressemblante !

DEUX

Zouip ! Zouip ! Zouip !

UN

Pourquoi faites-vous : « zouip » ?

DEUX

Ce n'est pas moi qui fait zouip, c'est mon fouet. Zouip, zouip ! Flac ! Ce cheval est en panne.

UN

Mais enfin bon sang de bonsoir ! Quel besoin avons-nous d'aller à Bar-le-Duc, commissaire ?

Deux

Eh bien commissaire je suis sur une piste. Il y a une duchesse qui m'a donné rendez-vous dans un bar. Mais je ne me rappelle ni le nom du bar ni celui de la duchesse. Alors faute de mieux, mon flair m'oriente vers Bar-le-Duc. C'est une piste approximative, je veux bien, mais c'est une piste.

Un

Vous auriez pu me le dire. Allez, hue ! hue ! — je t'en fiche, il bouge pas d'un poil.

Deux

Ah ben si, regardez, sa queue qui s'élève doucement…

Un

Ah oui. Sa queue monte. Elle monte. Pourquoi il fait ça ?

Deux

Voilà la réponse, il fait, tout court. Il fait du crottin.

Les voisins

Chez Un, Un et Deux regardent à travers un mur par deux trous minuscules.

Un

Il est gros, hein ?

Deux

Non, il est petit.

Un

Oui : c'est un petit gros.

Deux

Regardez, regardez, regardez ! le voilà parti.

Un

Zioupe ! Oh, il va revenir.

Deux

Tiens, en voilà deux autres.

UN

Où ?

DEUX

À la lisière. Tout noirs.

UN

Ah ! — Vous êtes sûr que c'en est ?

DEUX

En tout cas ils bougent.

UN

Oui, vous avez raison. Ils n'ont pas l'air très convaincus.

DEUX

Non. Sûrement qu'ils n'iront pas loin.

UN

Et puis en plus, ils perdent je ne sais quoi, peut-être de l'essence.

DEUX

Oui : ils laissent comme un sillage. Vous croyez qu'ils le font exprès ?

Un

M'étonnerait. Ils m'ont plutôt l'air d'être crevés. Ils ont une fuite.

Deux

C'est eux qu'ils perdent derrière eux. Ils s'arrêteront quand il n'y en aura plus, d'eux. Il ne restera plus que leur trace, en zigzag. C'est émouvant.

Un

Je voudrais bien qu'ils parviennent à la mer Rouge.

Deux

Qu'est-ce que vous appelez la mer Rouge ?

Un

Un peu en dessous et un peu à droite de l'Arc de Triomphe.

Deux

Ah oui.

Un

Parce que, s'ils arrivent à la traverser sans se dissoudre, ça prouvera au moins quelque chose.

Deux

Ça prouvera quoi ?

UN

Justement : je me le demande.

DEUX

Ah ! revoilà le petit gros !

UN

Oui. Je vous dis : c'est le plus actif.

DEUX

À quoi ça peut bien lui servir, de s'agiter comme ça ?

UN

Sais pas. En tout cas, on sent bien qu'il le fait exprès.

DEUX

Ah, oui ! Ce n'est pas un nerveux, comme celui-là, tenez, qui revient, avec son espèce de grand parapluie vert…

UN

Oh, celui-là ! vraiment, il me dégoûte.

DEUX

Trouvez pas qu'il tremble de plus en plus ? Il ne va pas vite, mais il tremble.

Un

Si. On a même l'impression, tellement il tremble, que la peau de son parapluie se détache, par instant. On voit le jour au travers.

Deux

Regardez le petit gros, il s'est arrêté.

Un

Je ne le vois plus.

Deux

Ah ? Regardez bien, entre le violet et le truc qui ressemble à un machin.

Un

Non, je vous assure, je ne vois que du bleu qui rougeoie, et du rouge qui verdoie. Je ne vois pas le petit gros.

Deux

Là, alors, vous m'inquiétez. Pourvu qu'il ne me soit pas sauté dans l'œil.

Un

Ça n'aurait rien d'étonnant, à force de s'agiter comme il fait, ce vibrion. Clignez de l'œil, un peu. S'il est dedans, ça lui fera peur… Alors ?

DEUX

Je cligne : clic, clic, clic, mais il ne bouge pas. Clic, clic. Vous ne le voyez toujours pas ?

UN

Non. Mais voilà une parenthèse que vous n'avez jamais vue, tenez, rouge et noir, qui a l'air de tomber comme un cil.

DEUX

Ah oui ! Elle est jolie, celle-là. Dommage qu'elle tombe.

UN

Ne vous en faites pas, elle va s'arrêter, je la connais.

DEUX

Vous êtes sûr que c'est une parenthèse, comme vous dites ? C'est la première que je vois de ce genre-là. On dirait qu'elle a des cheveux longs.

UN

Ça y est, je revois le petit gros !

DEUX

Ah ben tant mieux. Je n'étais pas tranquille pour mon œil. Ah ben le voilà qui prend la parenthèse en remorque. Et zioupe.

UN

Tous les soirs à cette heure-ci, c'est comme ça. Et vous allez voir d'ici cinq ou six secondes, les granules jaunes vont envahir le terrain, c'est régulier. Tenez, voilà le trembleur verdâtre qui décampe, il a dû les sentir venir.

DEUX

Pauvre vieux, il se disloque, il a perdu un bout de son cotentin…

UN

Il doit être vieux. Tenez, les voilà !

DEUX

Oh ! Oh ben non ! Oh ben non, ils sont pas drôles, on ne voit plus que du jaune.

UN

Et puis il y en a pour un moment, je vous préviens. D'ailleurs, c'est bien simple, quand ils arrivent, je ferme.

DEUX

Bon, eh bien moi aussi. Et puis ça finit par faire mal aux yeux, de regarder comme ça dans un trou, avec un seul œil.

UN

C'est moins fatigant quand on a les deux trous pour soi tout seul. Faudra que j'en perce deux autres. Remettez bien le bouchon, hein ? et le papier peint par-dessus. Ma femme n'est pas au courant.

DEUX

C'est un mur en briques ?

UN

Oui, enfin… ce qu'on appelle des briques, de nos jours. Ce qui fait la solidité du mur, c'est surtout le papier qu'on colle dessus, chacun de son côté.

DEUX

Vous croyez qu'ils ont collé du papier aussi, vos voisins ?

UN

Non, mais les précédents locataires.

DEUX

Parce que tout de même, c'est des drôles de gens, vos voisins.

UN

Oui, vous avez vu, hein ? Au début, je n'arrivais pas à y croire.

Deux

Ce n'est pas des gens ordinaires. On se demande vraiment d'où ils sortent.

Un

Je suppose que ce sont des provinciaux.

Deux

Oui, mais alors d'une province vraiment très lointaine. Et même un peu arriérée. Ce n'est pas qu'ils soient antipathiques, non, le petit gros, par exemple, a l'air d'un bon bougre, mais on sent bien qu'ils n'habitent pas Paris depuis longtemps.

Un

Ils ont gardé leurs manières à eux.

Deux

C'est plus grave que ca. Je comprends très bien que votre propriétaire n'ait pas osé leur refuser le logement, d'autant que ça a l'air d'être une famille nombreuse, mais vraiment, à votre place, je ne serais pas tranquille, avec des voisins comme ça.

Un

En tout cas, ils ne font pas de bruit.

Deux

Non, mais je n'aimerais pas les rencontrer dans l'escalier, c'est des drôles de gens.

Un

Les voisins, c'est toujours des drôles de gens.

Deux

Plus ou moins, oui.

Un

Vous auriez vu ceux que j'avais avant, par exemple : insensés, ils étaient. Ils s'appelaient Dupont, on aurait dit des zouaves. À quatre heures du matin, ils étaient debout, à cinq heures le moulin à café et les tartines, à six heures ils se rendormaient, à sept heures réveil général, on entendait leurs semelles qui craquaient, tout le temps du mimosa plein les vases, le monsieur travaillait dans le beurre, avec ça jaloux comme un tigre, la dame buvait ! raisonnablement, mais enfin elle buvait, et la jeune demoiselle, ça je peux vous le dire, puisque c'était sa chambre que je voyais par mes trous, eh bien elle n'était pas normale, une cinglée qui se déshabillait dans le noir. Ah non, comme voisins, je préfère encore ceux que j'ai maintenant.

Deux

De toute façon, ce n'est jamais bien agréable, d'avoir

des voisins. Faudra que je vous montre le mien, un de ces jours. C'est un grand balai avec des citrons qui pendent de chaque côté, il tombe tout le temps, il est de l'Académie Goncourt et en plus, il se drogue. Jamais vu un type pareil.

L'itinéraire

UN

Dépêchez-vous parce que si vous arrivez à l'heure vous aurez de la chance.

DEUX

Où est-ce que c'est que vous dites ?

UN

À la Bastille.

DEUX

Au revoir.

UN

Et allez donc le voilà parti. Ne vous en allez pas comme ça !

DEUX

Eh bien si, justement, puisque vous me dites que j'ai rendez-vous à la Bastille, faut que je m'en aille.

UN

Bon, alors au revoir ! Moi ça m'étonnerait que vous trouviez Georges en partant comme ça, mais enfin ça vous regarde.

DEUX

Quoi ! Pour arriver là-bas, il me semble que la première des choses à faire, c'est de partir d'ici, non ?

UN

Oui. Mais vous connaissez la fable de La Fontaine ? Rien ne sert de partir à point si on se trompe de direction.

DEUX

Je ne me tromperai pas de direction…

UN

Vous ne voulez pas m'écouter ?

DEUX

Faites vite, mon vieux, je vais être en retard, et Georges sera parti.

UN

Alors écoutez-moi. Perdez l'habitude, quand vous allez quelque part, de prendre vos jambes à votre cou et de filer comme une flèche avant de savoir où c'est.

Deux

La Bastille ! Tout de même ! Je connais la Bastille.

Un

On ne le dirait pas. Parce que la Bastille, vous savez quoi, mon ami ? La Bastille, première remarque ; il y en a plus. Elle a été prise en 1789. Et les gens qui l'ont prise ont probablement oublié de la remettre à sa place ; on ne sait pas ce qu'elle est devenue. C'est comme la bicyclette que j'ai achetée l'année dernière, vous savez la mentalité des gens. Tant qu'il s'agit de prendre, ça va, mais quand il faut restituer…

Deux

Je vous en prie : ne me dites que l'essentiel, on parlera de tout ça un autre jour.

Un

Tout ça pour vous dire que si vous avez vraiment l'intention d'aller à la Bastille proprement dite, eh ben autant rester ici. Elle n'a jamais été remise à sa place. Seulement, à la place de la Bastille, il reste tout de même quelque chose, un grand vide, si vous voulez, qu'on a laissé intact, et que justement on appelle la place de la Bastille.

Deux

Eh bien oui, c'est là que j'ai rendez-vous avec Georges.

UN

Une seconde ! Deuxième remarque : la place de la Bastille, c'est grand. Si on veut se rencontrer place de la Bastille, il faut prendre ses précautions. C'est comme quand deux navires veulent se rencontrer, il ne suffit pas qu'ils se donnent rendez-vous à huit heures vingt, par exemple. Ils risqueraient de se chercher longtemps, les navires.

DEUX

Tout le monde sait que vous êtes très intelligent. Mais je vous jure, c'est pas le moment.

UN, *sévère*

Mais qu'est-ce que vous avez à être nerveux comme ça ? Voici les instructions de Georges. Je les résumerai aussi brièvement que possible. Au centre de la place, il y a une colonne. Votre rendez-vous n'est pas au sommet de cette colonne, mais à sa base.

DEUX

Bonsoir.

UN

Attendez ! Vous ne savez même pas de quel côté.

DEUX

Je tournerai autour.

UN

Justement ! Georges aussi tournera autour. Imaginez

que vous tourniez dans le même sens ! Vous ne vous rencontrerez jamais.

DEUX

Alors ?

UN

Alors, Georges a décidé ceci. Vous ferez tous les deux le tour de la colonne, en restant aussi près que possible de sa base, mais ! Mais lui, Georges, tournera dans le sens des aiguilles d'une montre, tandis que vous, vous tournerez dans le sens inverse de celui des aiguilles d'une montre. Compris ?

DEUX

Compris. Je vais prendre un taxi.

UN

Attendez. Vous avez le nez tout noir.

DEUX

Georges aussi aura le nez tout noir. On a convenu de ça ensemble. C'est pour être plus sûr de se reconnaître.

UN

C'est idiot. Il fera nuit sombre. Et puis, vous ne trouverez pas de taxi à cette heure-ci. Prenez l'autobus. C'est aussi rapide.

DEUX

Il y en a un, pour aller à la Bastille ?

UN

Je vous conseillerais bien de prendre le 73, qui passe au bout de la rue à droite, mais alors, ne prenez pas la rue à droite, c'est plus court, mais il y a toujours beaucoup de monde, prenez plutôt la rue à gauche, vous tombez aussi sur le 73, mais voyez-vous, je ne vous conseille pas le 73, parce que vous êtes déjà en retard. Le 86 va bien plus vite.

DEUX

Alors je vais prendre le 86.

UN

Si vous voulez. Moi je vous parlais du 86 plutôt comme exemple, parce que pour attraper le 86, vous avez vingt bonnes minutes de marche. Enfin, vous êtes libre.

DEUX

Au revoir.

UN

Tout de même, vous feriez mieux de prendre le métro. Faut changer, mais vous êtes sûr d'en avoir un tout de suite.

DEUX

Où il est, votre métro ?

UN

Oh ! vous trouverez bien. Des métros, il en a un peu partout. En marchant droit devant vous, c'est bien le diable si vous ne tombez pas sur une station.

DEUX

Je tâcherai.

UN

Vous comprenez, je vous conseillerais bien le 86, qui va tellement plus vite, mais si vous êtes pour prendre l'autobus, autant le 73, n'est-ce pas ? C'est tellement plus près. Seulement, voilà, le 73, cette heure-ci, il est toujours complet, alors en fin de compte, j'ai renoncé à donner des conseils. Vous partez ?

DEUX

Je suis parti.

UN

Hé ! n'oubliez pas : place de la Bastille... D'ailleurs attendez-moi une minute ! Faut que j'y aille ! Je vous accompagne.

DEUX

Je m'en fiche, j'irai pas.

Nostalgie

Un

À ce moment-là, vous tombez dans la rue Boissy-d'Anglas, vous la prenez à droite, vous tombez dans la rue du Faubourg-Saint-Honoré, vous la prenez à gauche, vous tombez dans la rue Royale, vous la prenez à droite, vous tombez place de la Concorde, vous la traversez, et aussitôt traversé le pont, vous tombez dans le boulevard Saint-Germain que vous enfilez à gauche, ensuite de quoi vous finissez bien par tomber sur la rue du Bac, que vous prenez sur votre droite, et alors c'est là que vous tombez, euh... attendez un peu..., vous tombez...

Deux

Je tombe, quoi.

Un

Oui, vous tombez dans la rue euh...

Deux

Ce que je voudrais connaître aussi, c'est la rue où je

me relèverai. Parce que, tomber, ça va bien un moment.

UN

Oh ! ben alors ! si vous commencez à faire de l'esprit, hein ? moi je ne dis plus rien. Vous n'avez qu'à acheter un plan de Paris.

DEUX

Non, non… je vous remercie bien de m'avoir indiqué toutes ces rues avec la manière de tomber dedans.

UN

Maintenant, vous pouvez aussi prendre le métro.

DEUX

Non, merci. Un jour je rentrerai dans mon pays.

UN

Qu'est-ce qu'il y a ? Vous êtes triste ?

DEUX

Non. C'est Paris qui est triste.

UN

Avec ça que votre pays, il est follement gai ! Parce qu'on peut dire que pour un pays désopilant, c'est un pays désopilant, votre pays.

DEUX

Oh, ben vous, vous y êtes passé en automne, juste au moment des vendanges, alors… C'est pas pareil. C'est en hiver, qu'il faut voir ça. Et puis vous ne connaissiez personne, vous n'êtes pas entré en contact avec les habitants.

UN

Parce que les habitants, naturellement, c'est pas des Parisiens ! C'est des gens qui rigolent !

DEUX

En tout cas, ce n'est pas des gens qui n'arrêtent pas de rouler en automobile dans des rues qui ne sont pas faites pour ça.

UN

En quoi ils roulent, s'ils ne roulent pas en automobile.

DEUX

Pas en métro non plus, pas à moto, ni à vélo, ni même à patinette.

UN

Alors ils ne roulent pas ?

DEUX

Si. Ils roulent. Comme tout le monde !

UN
Alors, comment ils roulent ?

DEUX
Sur eux-mêmes. Ils roulent sur eux-mêmes. Ils se couchent tout en haut d'une pente, sur le côté, et puis ils se laissent rouler tout en bas.

UN
Pourquoi ?

DEUX
Parce que mon pays, c'est un pays de montagne.

UN
Et ça les amuse, de rouler comme ça ?

DEUX
Oui. Oh, pas tous. Pas les vieillards, bien sûr. C'est surtout les enfants que ça amuse.

UN
Et où ça les mène, de rouler comme ça.

DEUX
Au bas de la pente. À rien peut-être… En tout cas, c'est par plaisir, qu'ils roulent. Ce n'est pas comme tous vos Parisiens d'automobilistes, qui roulent par

devoir. Il n'y a qu'à voir la figure qu'ils ont, avec leur volant dans l'estomac.

UN

Vraiment, je ne sais pas ce que vous avez contre les automobiles. Qu'est-ce qu'elles vous on fait ?

DEUX

Rien encore. Enfin… peu de chose. Mais, à chaque fois que je traverse un passage clouté, je sens bien qu'elles me feront quelque chose un jour.

UN

En tout cas, quand j'ai « traversé » votre pays, moi, ça ne m'a rien fait du tout. Je me suis ennuyé.

DEUX

C'était l'automne. En automne, chez moi, les enfants ne roulent plus dans l'herbe le long des pentes. C'est le printemps, seulement. L'automne, chez nous, on ne récolte que le raisin. Il faut attendre l'hiver pour connaître vraiment mon pays.

UN

Je voudrais bien savoir ce qu'on récolte en hiver, dans votre pays.

DEUX

C'est pour cela que j'aimerais tant que vous y alliez ce mois-ci. Vous verriez comme les montagnards de mon pays sont à la fois fiers et méfiants. Fiers de leur richesse, et méfiants à l'égard de ceux qui voudraient la connaître. Et c'est vraiment le signe qu'on a gagné leur confiance lorsqu'ils nous disent : Restez là un moment, et qu'ils s'en vont chercher pour vous, sur la montagne, un peu de cette substance précieuse qu'ils viennent d'y récolter. Ils vous la rapportent dans le creux de leur main, ils vous disent : Venez voir, et alors, dans un coin, mystérieusement, ils vous montrent cet échantillon minuscule du grand trésor qui n'appartient qu'à eux. C'est blanc, c'est froid, au bout d'une minute il n'en reste plus rien, et ils vous disent, avec un sourire de triomphe modeste : Vous venez de voir un peu de notre neige.

UN

Et alors, qu'est-ce que vous leur répondez, à ce moment-là ?

DEUX

Vous leur répondez : Merci, naturellement.

UN

Eh bien moi, si en automne, chez vous, au lieu

de faire de la neige, on fait du vin, moi, je préfère l'automne.

DEUX

Eux aussi, bien sûr. La neige, c'est pour les étrangers, pour les touristes. Le vin, ils le gardent pour eux. C'est comme les limandes.

UN

Les limandes ? Il y a des limandes, dans votre pays ?

DEUX

Mais oui.

UN

Des limandes dans la montagne !

DEUX

Mais oui. Ce sont des limandes comme les autres, mais comme les anguilles, elles migrent. Elles sortent de la mer au début de l'hiver, et puis, quand il commence à neiger, elles grimpent le long des pentes, sous la neige, en s'agrippant avec leurs dents. Quand elles sont arrivées en haut, vous savez comme sont les limandes ?

UN

Plates.

DEUX

Alors elles se laissent glisser, à plat, sur les pentes neigeuses. Pour s'arrêter, quand elles ont envie de s'arrêter, elles plongent, la tête la première. C'est la Limande-des-Neiges.

UN

Et quand la neige fond ?

DEUX

Au printemps ? Ah, alors, celles qui n'ont pas eu le temps de remonter jusqu'aux neiges éternelles, c'est fini : elles s'arrêtent. On ne retrouve plus que leurs arêtes. Dans l'herbe jaune.

UN

Ah !... Vous me racontez des mensonges.

DEUX

Bien sûr.

UN

Pourquoi ? Qu'est-ce que je vous ai fait ?

DEUX

Vous, rien. C'est Paris qui m'embête !

Le ping-pong

Un

Taping! } plusieurs fois

Deux

Tapong! }

Un

Taping!

Deux

Tapong!… Vous aimez le…

Un

Taping!

Deux

Tapong!… le ping-pong?…

Un

Taping! Quoi?

DEUX

Tapong! Je dis…

UN

Taping!

DEUX

Tapong!… Est-ce que vous aimez…

UN

Taping!… Le ping-pong?

DEUX

Tapong! Oui.

UN

Taping! Et comment!

DEUX

Tapong!

UN

Taping! Et vous?

DEUX

Tapong! Pas moi.

UN

Taping !

DEUX

Tapong !

UN

Taping !

DEUX

Tapong !

} dix fois de plus en plus vite.

UN

Taping !

DEUX

Tic ! Poc ! Poc ! Poc, poc, poc, pocpocpocpocpoc. Bien joué.

UN

Ça fait 21 à 18.

DEUX

Eh ben !

UN

Ouf. Vous vous défendez pas mal.

DEUX

Oh ! Ça fait cinq ans que j'ai pas joué.

UN

Tiens ! Votre cousine Paulette, Georges m'a dit l'autre jour, qu'elle aussi, ça faisait cinq ans qu'elle avait pas joué. La dernière fois que vous avez joué, ça devait être ensemble.

DEUX

Non. J'ai jamais joué avec ma cousine Paulette. La dernière fois que j'ai joué, c'était avec Georges.

UN

À cette époque-là, il était fort.

DEUX

Oui, mais y avait cinq ans qu'il avait pas joué. Il avait plus les réflexes. Et vous, il y a longtemps que vous avez pas joué ?

UN

Oh là là, oui. Y a cinq ans. Je me rappelle bien, la dernière fois que j'ai joué, c'était avec ma cousine Paulette, à Limoges.

DEUX

Comment ! Vous aussi, vous avez une cousine qui s'appelle Paulette ?

UN

Depuis le temps que je vous en parle !

DEUX

J'avais pas réalisé. J'ai cru que c'était de la mienne que vous me parliez.

UN

Votre cousine Paulette ? Je la connais pas.

DEUX

Je croyais.

UN

Non, non. Qu'est-ce qu'on fait ? On change de côté ?

DEUX

Oui. Ça m'étonne que vous ne connaissiez pas ma cousine Paulette.

UN

Ça n'a rien d'étonnant, on la voit jamais. Ce qui est drôle, c'est que vous ne connaissiez pas la mienne, de cousine Paulette.

DEUX

Faudra que vous me présentiez.

UN

Ce qui serait amusant, surtout, ce serait de les présenter l'une à l'autre.

DEUX

Vaut mieux pas. Comme je la connais, ma cousine Paulette, elle croirait que c'est une farce, elle voudrait plus me voir.

UN

Oui, la mienne aussi. À vous de servir.

DEUX

Et puis dans le fond, vous savez… Pom-pong !

UN

Taping !

DEUX

Tapong !

UN

Taping-pouf, poc, poc poc poc.

Deux

Dans le fond… — Il n'est pas trop haut, le filet !

Un

Je crois pas. 1-0.

Deux

La balle s'il vous plaît…

Un

Et youp !

Deux

Dans le fond, votre cousine Paulette et ma cousine Paulette, c'est peut-être la même. De cousine Paulette. Pom-pong !

Un

Ta-pfuit ! Eh ben ! Votre service, il est en progrès. Je l'ai pas vu passer.

Deux

Parce que du fait qu'on les a jamais vues ensemble…

Un *cherche la balle*

Ensemble ! Toutes les deux ?

DEUX

Non, tous les deux, nous, ensemble, on n'a jamais vu une des cousines Paulette.

UN

Je trouve pas la balle.

DEUX

Si tous les deux ensemble on n'en avait vu qu'une, de cousine Paulette, la vôtre ou la mienne, on aurait bien vu si c'était la même. Regardez voir dans l'aquarium, peut-être qu'elle est tombée dedans.

UN

Ah oui, la voilà. Oui…

Revenant.

Ç'aurait été aussi bien, d'ailleurs si vous tout seul ou moi tout seul on avait vu les deux cousines Paulette ensemble. Parce que du fait qu'elles auraient été ensemble, on aurait su que ce n'était pas la même. De cousine Paulette. 2-0. À vous de servir.

DEUX

Lancez, lancez. Remarquez…

UN

Et youp.

DEUX

Eh, là, dites, vous pourriez essuyer la balle avant de me l'envoyer. J'ai de l'eau plein la figure.

UN

C'est pas sale.

DEUX

Pas sale, j'en sais rien. Moi, je le connais pas, ce poisson.

UN

C'est pas un poisson, c'est un hippocampe.

DEUX

Prêt ?

UN

Prêt.

DEUX

Pompong ! Pouf… poc, poc, poc. Il est trop haut ce filet.

UN

Qu'est-ce que vous disiez ?

DEUX

Je disais : Pompong !

UN

Taping! }

DEUX } six fois

Tapong! }

Je disais…, remarquez…

UN

Taping!

Un temps.

DEUX

Oui. Eh ben ce coup-là, la balle, on peut lui dire adieu.

UN

Oui. Elle redescendra pas.

DEUX

Pas d'idée de taper dessus comme ça.

UN

C'est l'habitude du tennis. Et puis ça fait tout de même cinq ans que j'ai pas joué.

DEUX

Oui, mais ça, vous savez, ça fait partie des règles du ping-pong. Pour y jouer, faut toujours qu'on y ait pas joué depuis cinq ans. Je n'ai jamais joué qu'avec des gens que ça faisait au moins cinq ans qu'ils y avaient pas joué, comme moi.

Un

Enfin, tant pis.

Deux

Je vais tout de même chercher dans le tiroir, si des fois il y en aurait pas une autre.

Un

Vous aviez commencé à dire quelque chose.

Deux

Oui. Je disais que ça m'étonnerait que ma cousine Paulette et la vôtre soient la même, de cousine Paulette. Parce que pour ça, il faudrait que nous soyons un peu de la même famille, tous les deux.

Un

C'est pas invraisemblable.

Deux

Non, mais ça se saurait.

Un

Vous en trouvez une ?

DEUX

J'en ai trouvé une, oui, mais c'est pas une balle de ping-pong.

UN

C'est quoi ?

DEUX

C'est une pièce de cinq francs.

UN

C'est pourtant pas pareil. Comment peut-on prendre une pièce de cinq francs pour une balle de ping-pong ?

DEUX

J'ai bien vu tout de suite que c'était pas une pièce de cinq francs. Mais comme c'était une balle de ping-pong que je cherchais, il a bien fallu que je me demande si c'en était pas une.

UN

C'est drôle, les hippocampes.

DEUX

Ça y est, en voilà une.

UN

Une, c'est déjà bien. Mais avez-vous vérifié une

quoi c'était ? Parce que si c'est pas une balle de ping-pong, ça n'avance à rien.

Deux

Oui, oui, c'est une balle de ping-pong. Vous venez ?

Un

C'est vrai, tout de même, que ça ressemble rudement à un cheval.

Deux

3-1, ça fait. Vous venez ?

Un

On se demande comment on le sait, d'ailleurs, que ça ressemble à un cheval. Parce que moi, je n'ai jamais vu un cheval et un hippocampe côte à côte.

Deux

Moi non plus. Prêt ?

Un

Et comme, d'autre part, la première fois que j'ai vu un hippocampe je ne l'ai pas du tout confondu avec un cheval, je me demande d'où peut bien me venir le sentiment qu'ils se ressemblent.

Deux

Ça fait 3-1. Prêt ?

UN

Oui, prêt.

DEUX

Ça, y a pas de doute que ce qui devrait frapper d'abord, quand on voit un hippocampe, c'est que c'est extrêmement différent d'un cheval.

UN

C'est même tellement différent que pour penser à un cheval en voyant un hippocampe, la première réflexion qui vient c'est qu'il faut être cinglé.

DEUX

Oui. C'est peut-être que tous les gens qui regardent des hippocampes sont des cinglés. Prêt ?

UN

Allez-y. Ou bien que la contemplation des hippocampes rend fou.

DEUX

Pompong !

UN

Pitrac !

DEUX

Pitruc !

UN

Pitrac !

DEUX

Pitruc !

UN

Pi-pouf, tric, tric, tric, tric.

DEUX

Elle est cassée.

UN

On ne peut pas jouer avec ça.

DEUX

Pas de chance. Pour une fois que je gagne.

Le malaise de Georges

Un

Le suppositoire ? Eh bien, non, je vous avouerai franchement que je ne suis pas partisan du suppositoire. D'abord, ce n'est pas commode, n'est-ce pas... Vous êtes par exemple dans un bureau de poste, ou n'importe où où il y a du monde, vous avez beau vous détourner, quand vous en prenez un, on vous remarque.

Deux

C'est surtout ça qui m'a retenu. Le pharmacien m'a dit : sous cette forme-là, ce qu'ils appellent la forme torpille, l'effet est plus rapide. Je lui ai dit : oui, mais, hé-hé-hé...

Un

Ah, mais ce n'est pas douteux.

Deux

Alors il m'a proposé des gouttes. Le même produit, mais en gouttes.

Un

En gouttes. Oui. Seulement voilà : quelle sorte de gouttes ?

Deux

Hé ! Hé ! c'est que leurs gouttes, hein ? Y en a qui les soignent, et puis d'autres, ils vous les fournissent faut voir comment.

Un

En général, ils ne refusent pas, les pharmaciens, quand on leur demande d'en sortir quelques-unes pour qu'on voie comment elles sont faites, leurs gouttes.

Deux

Ben oui, mais là, justement, pour ce produit-là, ce n'était pas possible. Parce que c'était vraiment la goutte à l'état brut. Je ne dis pas que c'était mal présenté, c'était dans un joli coffret façon palissandre, avec dedans, un flacon genre cristal de Bohême ; seulement, à l'intérieur du flacon, les gouttes n'étaient même pas séparées les unes des autres. Il fallait les séparer soi-même, une à une, vous pensez ! avec une pipette garnie d'une capsule élastique.

Un

On est en retard, ici en France, pour la pharmacie.

Aux États-Unis, où je suis été récemment, les gouttes sont toujours vendues séparément, chacune dans sa petite ampoule en matière plastique.

Deux

Il a bougé.

Un

Non, non. Malheureusement. C'était l'ombre de ma main qui passait sur son visage. Pauvre Georges.

Deux

Vous croyez qu'il est bien, couché comme ça à plat ventre sur ce buffet dont le dessus est en marbre ? N'a-t-il pas froid ?

Un

Non. Depuis hier, il ne risque pas d'avoir froid.

Deux

Pourtant, hier, c'est sur le radiateur qu'il était couché.

Un

Oui. Mais il a changé de médecin, depuis hier. Enfin… Paulette a changé de médecin, puisque c'est elle qui prend soin de Georges, maintenant que Georges ne peut plus prendre soin de lui-même, comme autrefois. Le docteur Bron a dit que le docteur Bran était un excellent praticien, mais que la chaleur était son dada. Dada un peu dangereux, parfois, a-t-il ajouté. Et lui, le docteur Bron n'a pas hésité une seconde, il a préconisé pour Georges une fraîcheur constante. C'est pourquoi vous voyez Georges aujourd'hui sur le marbre.

DEUX
Pauvre Georges. Ça n'a pas l'air de l'améliorer.

UN
Stationnaire. Il stationne.

DEUX
Et vous croyez réellement que cette prostration a bien pour cause ce que le docteur Bran disait ?

UN
La place de premier en arithmétique que son fils a obtenue à sa dernière composition, qui, si je me souviens bien, était une composition d'histoire ?

DEUX
Hélas ! pauvre petit maladroit.

UN
Eh bien, le docteur Bron, sans contredire franche-

ment le docteur Bran sur ce point, sans mésestimer le rôle qu'a pu avoir un tel choc émotif sur la santé de notre pauvre Georges — le docteur Bron a émis l'hypothèse qu'un autre facteur avait pu jouer concurremment. Pour lui, le malaise de Georges a pu avoir pour cause, annexe ou principale, un autobus, un vulgaire autobus, comme nous en voyons des centaines, vous et moi, chaque jour. Vous savez, en effet, que ce pauvre Georges, le jour même où il apprenait le déplorable succès scolaire de son fils, est passé, très rapidement il est vrai, sous un autobus.

DEUX

Bien sûr. Ça peut être ça aussi. Est-ce que vous avez vu le docteur Brou ?

UN

Pas encore.

DEUX

Moi non plus. Je n'ai pu voir que le docteur Bru.

UN

Bru de la Pompe ?

DEUX

Non, Bru de Brie, de la famille des Bru-Madame. Pour lui, voyez-vous, qui est avant tout un chercheur, pour lui, Georges n'est pas malade. Pour lui, Georges cherche.

Un

Dans l'état où il est ? Et qu'est-ce qu'il cherche, encore, ce pauvre Georges ?

Deux

Georges ne le sait pas encore. S'il savait ce qu'il cherche, il l'aurait déjà trouvé, n'est-ce pas ? Il ne serait plus dans cet état.

Un

Bru ! Qu'est-ce qu'il préconise, Bru ?

Deux

Rien. Il m'a donné une ordonnance pour chez Phonostop. Une boîte d'aiguilles d'électrophone pour faire de l'acupuncture à Georges. Seulement moi, je ne sais pas où les planter, ces aiguilles.

Un

Bru ne vous l'a pas dit ?

Deux

Non ! pensez ! c'est un secret ! c'est chinois, c'est ésotérique, l'acupuncture ! Alors je suis allé chez le docteur Brouille, et c'est lui qui m'a indiqué ce produit.

UN

Oui, mais moi, je ne suis pas partisan de…

DEUX

Ah, mais ce n'est pas des…

UN

Ni des gouttes ?

DEUX

Non plus. Ça existe sous des tas de formes. Dragées, comprimés, pastilles…

UN

Oui, mais Georges, il ne peut rien avaler. Le docteur Brin lui a mis la bouche dans le plâtre. Enfin, du plâtre dans la bouche, j'sais plus.

DEUX

Y avait aussi les injections sous-cutanées, intradermiques, intramusculaires…

UN

Pas la peine d'essayer, je lui en ai fait une hier soir dans la cuisse, dix centilitres. Une demi-heure après, les dix centilitres lui ressortaient par le nez. Il ne garde plus rien.

DEUX

C'est pourquoi, en définitive, j'ai choisi la forme sinapisme.

UN

Eh bien, collez-lui-en un sur le genou, tenez. C'est encore ce qui lui reste de plus solide, le genou.

DEUX

Oh, et puis tout ça, vous savez, hein ? Ce qu'il lui faut, surtout, à Georges, c'est du temps.

UN

Bien sûr, ce gars-là, il a une santé de fer.

Au restaurant

Deux

Garçon !

Un

Garçon.

Deux

C'est ici ?

Un

C'est ici.

Deux

Il y a du monde.

Un

Il y a personne.

Deux

C'est pareil, on n'est bien nulle part. Ça n'a pas l'air d'un restaurant.

UN

Ce n'est pas un restaurant. C'est un restaurant turc.

DEUX

Garçon !

UN

Je boirais bien quelque chose.

DEUX

Je vous retiens avec votre restaurant turc.

UN

Je crois que le mieux, si vous avez faim, ce serait de s'en aller.

DEUX

C'est exactement ce que vous m'avez dit chez moi tout à l'heure.

UN

Non. Tout à l'heure, c'est moi qui avais faim.

DEUX

Oui, et vous m'avez dit : le mieux puisque j'ai faim, ce serait qu'on s'en aille.

UN

Pas de ma faute s'il n'y a rien à manger chez vous.

DEUX

Alors nous sommes partis. Résultat…

UN

Résultat, je n'ai plus faim. C'est un résultat.

DEUX

Oui, seulement c'est moi qui commence à avoir faim. À cette heure-ci.

UN

Drelin drelin !

DEUX

Pourquoi vous faites : drelin drelin ?

UN

Ça, c'est vous qui m'avez appris le truc, le jour où la sonnette marchait pas, vous avez fait : drelin drelin. Vous m'avez même dit que c'était du Molière.

DEUX

Oui, drelin drelin c'est dans le malade malgré lui. Non, dans le médecin imaginaire.

UN

Tous les malades, c'est malgré eux qu'ils sont malades, et tous les médecins, c'est des médecins imaginaires. Molière, il aurait pas écrit des platitudes pareilles.

DEUX

C'est dans le malade imaginaire, je veux dire. Drelin drelin.

UN

Eh bien moi, je dis ding ding, parce que pour appeler le garçon, on prend son couteau et on frappe sur son verre. Ça fait ding ding. Seulement, comme je n'ai pas de couteau, et que je n'ai pas de verre non plus, je fais ding ding tout seul, avec ma bouche. Ding ding.

DEUX

Oui. Eh bien, ça ne fait pas venir le garçon. Depuis trois quarts d'heure qu'on est là ! Ah, c'est bien une idée à vous, de venir au restaurant quand on a faim.

UN

Moi, ce qui m'étonne, c'est que vous ayez encore faim. Parce que moi, quand j'ai vu passer le lapin aux épinards, là-bas, tout à l'heure, eh bien ça m'a coupé l'appétit.

DEUX

Bien sûr, si vous avez pris ça pour un lapin aux

épinards, je comprends que ça vous ait dégoûté. C'était l'omelette à la mode du chef.

UN

Non, non, non. J'ai parfaitement reconnu la forme du lapin. C'était un lapin en décomposition. Je sais bien comment c'est fait, un lapin en décomposition.

DEUX

Mais non. On l'aurait senti.

UN

Oh, mais je l'ai senti.

DEUX

Pourquoi voulez-vous qu'ils servent du lapin en décomposition, dans ce restaurant ? Personne ne viendrait plus.

UN

Justement. Personne ne vient plus. Regardez autour de vous. Y a personne. Ce qui fait illusion, c'est les bougies.

DEUX

Ah, ben si, tout de même, regardez là-bas, au fond, dans la petite salle, y a une réunion de messieurs.

UN

Ah oui. Ça doit être un banquet.

DEUX

Oui. Les regardez pas comme ça, ils nous ont vus.

UN

Ils n'ont pas l'air de s'amuser follement. Qu'est-ce que ça peut être ?

DEUX

Des anciens élèves, sûrement.

UN

Ça devait être pour eux, le lapin aux épinards.

DEUX

Ben vous voyez, ils n'en sont pas morts.

UN

Oh, ils n'ont pas bonne mine.

DEUX

Ah, mais je les connais !

UN

Comment, vous les connaissez ! tous ?

DEUX

Oui.

UN

Qui c'est ?

DEUX

C'est nous.

UN

Oh, non ! Vous peut-être, mais pas moi, c'est pas possible.

DEUX

Si, tous les deux. Vous ne savez pas observer. Regardez bien l'horloge, juste derrière eux, au-dessus de leur tête.

UN

Je la vois, oui. Elle n'a rien de spécial.

DEUX

Rien de spécial, non ! Mais essayez donc un peu de lire l'heure qu'il est, à cette horloge.

UN

Ah oui, tiens, C'est curieux. Elle a été montée à l'envers, cette horloge.

DEUX

Vous êtes bête, vous savez !… Regardez leurs vestons, à ces bonshommes.

UN

Ils ont des vestons, oui.

DEUX

Eh bien c'est pas des vestons ordinaires. Au lieu de se boutonner la gauche sur la droite, hein… allons, allons, un petit effort.

UN

Ah oui. Ils ont boutonné leurs vestons à l'envers. La droite sur la gauche. Eh bien, vous, vous êtes rudement observateur.

DEUX

Oui, mais vous, vous êtes vraiment bouché.

UN

Pourquoi ils les ont boutonnés comme ça, leurs vestons ? Dites, c'est peut-être ça qu'on appelle des invertis ?

UN

Des quoi ? Non, mais vous êtes complètement…, complètement… complètement…

Un

Complètement stupéfait, oui. En tout cas, c'est sûrement des étrangers.

Deux

Complètement !

Un

Ça doit être des Turcs.

Deux

Ah non, mais vous êtes complètement…

Un

Ah, mais vous m'agacez ! Vous n'arrêtez pas de me dire que je suis complètement, complètement ! Complètement quoi ? Surveillez-vous, mon vieux, vous devenez complètement, euh…

Deux

Non, mais il est complètement…

Un

Ah ! Ça suit comme ça !

Deux

Oh ! Je n'aurais jamais cru ça de vous !

UN

Vous feriez mieux de regarder les Turcs. C'est des gens très curieux. Regardez, y en a la moitié qui piquent une espèce de crise, regardez ! ils s'arrachent les cheveux ! Ça doit être une tradition, à la fin des repas, chez les Turcs… Ah non, mais réellement ça devient de l'hystérie ! Ils sont tout rouges ! Dites, ça ne doit pas être des Turcs, vous savez. Ils sont plus civilisés que ça, les Turcs.

DEUX

C'est pas des Turcs, andouille ! C'est une glace. Le gars qui s'arrache les cheveux, c'est moi, et celui qui a l'air d'une andouille, c'est vous

UN

Ah ? c'est nous ? — Jamais j'aurais cru que nous étions aussi nombreux. Qu'est-ce que vous prenez ?

DEUX

C'est la carte ?

UN

C'est la carte.

CARTE

Un et Deux la lisent ensemble et alternativement.

La terrine du chef
Le pied du chef
Le museau du chef
L'œil du chef
Les turqueries farcies à la grecque
Les salopes milanaises
L'œuf cocu
Le trou normand
La truite de Schubert
La poule salée sur canapé
La vieille andouille
Le frein de grenouille à disques
L'escargot venu tout seul sur commande
(8 jours d'avance)
La saucisse du chef dans son étui
Le matelot breton en hachis à la salade fixe
La salade mobile
Le Chirac sauce madère
La banane en gondole
Le laissez-pisser de mouton
Le bœuf en tube
Le changement de garniture
Le dentier neuf pommes pont neuf
Le cure-dent du chef

Le paf du chef selon grosseur
Non ! le pif du chef
Non ! le pouf du chef
Non ! le pif paf pouf du chef
Le cornichon maison
La maison du chef
La gueule du client
Les fruits du labeur
Le café turc
Le qu'a pas fait exprès
La table garnie
Les sièges
Le restaurant
Les bougies
La carpette
Maison du chef

UN

Moi, je prends un radis maison, une garniture garnie et une garçonnière meublée.

DEUX

Je ne vous conseille pas la garçonnière meublée, on dirait du sable.

UN

Je croyais que c'était un genre de jardinière.

DEUX

La jardinière à la Cosaque, c'est bon, mais c'est pas la saison.

UN

Je prendrais bien « l'œuf servi dans sa poule », mais je me connais, je ne dormirai pas de la nuit. Alors je terminerai par un veau nature.

DEUX

Et avec ça, on se tape un pichet ?

UN

Un pichet de quoi ?

DEUX

Un pichet d'eau.

UN

Drôle d'idée de servir l'eau en pichet.

DEUX

Ça doit leur revenir moins cher. Pour moi, il est mort.

UN

Qui ?

DEUX
Le garçon.

UN
Non. On l'aurait entendu.

DEUX
Pas forcément. Il y a des gens qui meurent sans faire de bruit.

UN
Oui, mais pas les gens qui portent de la vaisselle.

DEUX
N'empêche, c'est pas un endroit où il faut venir quand on a faim, votre restaurant.

UN
Vous avez toujours faim ?

DEUX
Non. Je n'ai plus faim du tout. J'aurais plutôt envie d'aller au cinéma.

UN
Vous avez un tempérament instable.

DEUX
Non, mais vous m'avez coupé l'appétit. J'ai une barre sur l'estomac.

UN

Eh bien moi, je sens que je recommence à avoir faim. J'ai un tempérament cyclique : ça va, ça vient ça se promène.

DEUX

Ding, ding ! L'addition !

UN

Comment l'addition ? on n'a rien consommé !

DEUX

Au restaurant, il y a toujours une addition. Ça serait trop commode : on entre, on s'installe, on bavarde et puis hop, on s'en va sans rien payer ! Ma parole, c'est la première fois que vous entrez dans un restaurant !

UN

Oh, mais c'est que j'ai très faim. On s'en va ?

DEUX

Je me demande pourquoi je resterais dans ce restaurant, puisque je n'ai pas faim, et je me demande pourquoi vous y resteriez, puisque vous avez faim.

UN

Alors en route. Tenez, voilà les Turcs qui s'en vont aussi.

DEUX

Dites pas de bêtises.

UN

Ah oui, c'est vrai, je suis bête. Dites-moi, vous êtes sûr que c'est nous, tous ces gens ? Moi, ça m'étonne.

DEUX

Garçon, l'addition !

UN

Le voilà qui arrive.

DEUX

Oui. Ah, ça ! quand c'est pour l'addition, ils sont tout de suite là.

Dialogue sur un palier
(Le gobe-douille)

Noir.

Deux lampes électriques.

Un

Chut!

Deux

Oui, oui, chut.

Un

Vous dites chut, mais vous faites du bruit avec vos pieds. Je vous l'avais dit, pourtant, de retirer vos bottes.

Deux

Je les ai retirées. Elles sont restées au bas de l'escalier.

Un

Alors, vous avez des chaussettes qui craquent.

DEUX

Pensez-vous ! Des chaussettes toutes propres ; je les ai mises ce matin.

UN

C'est vous qui le dites, parce que dans ces conditions, je me demande ce qu'on entend craquer.

DEUX

Ce qu'on entend craquer, c'est mon pied.

UN

Votre pied ?

DEUX

J'ai un pied qui craque. Pas celui-là, l'autre, le pied gauche.

UN

Eh bien je ne veux pas le savoir. Retirez-le pendant que je cherche la minuterie. Je veux rien entendre qui craque.

DEUX

Ça, je suis désolé, mais je ne peux pas. Et puis, si je pouvais le retirer, mon pied, il y a une chose que je ne pourrais plus faire, c'est monter l'escalier. Faut choisir.

UN

« Choisir, choisir ! » Vous en avez de bonnes ! les deux boutons sont exactement pareils.

DEUX

Y a deux boutons ? Tirez à pile ou face.

UN

Je serai bien avancé ! Et puis j'aime mieux m'en remettre au hasard, c'est plus sûr.

DEUX

Allez-y.

Sonnerie.

DEUX

Oh… ça doit pas être la minuterie, ça.

UN

Non, mais comme ça au moins, je suis fixé. Je vais appuyer sur l'autre.

DEUX

Appuyez doucement, on ne sait jamais.

UN

Si j'appuie doucement, ça va rien faire. Mieux vaut y aller franchement, après on n'y pense plus.

Lumière.

Voilà.

DEUX

En route !

Craquement.

UN

Chut !

DEUX

Oui, oui : chut.

UN

Enfin, qu'est-ce qu'il a à craquer comme ça, votre pied gauche ? Montrez-le-moi.

DEUX

Si ça peut vous faire plaisir, je veux bien vous le montrer. Mais vous ne verrez rien. Comme ça, vu de l'extérieur, il a l'air normalement constitué. Non, ce qu'il faudrait que je vous montre, c'est l'intérieur, seulement…

UN

Oui, ah non, ça, pas question ! On n'a pas le temps. Vous me montrerez ça un autre jour.

DEUX

Et puis vous ne perdez rien, parce que même à l'intérieur, ça ne se voit pas, ce qui craque, dans mon pied.

UN

Comment, ça ne se voit pas ?

DEUX

Non, non... Oh, vous savez ! Je l'ai fait radiographier bien souvent, mon pied gauche.

UN

Vous vous êtes fait radiographier le pied ?

DEUX

Oui, oui.

UN

Ça doit être bien.

DEUX

Ah, ça vaut la peine.

UN

J'aimerais bien me faire radiographier les pieds. Vous voyez, au fond, on se plaint de ne pas connaître Brigitte Bardot, et on ne se connaît même pas soi-même.

DEUX

C'est vrai. La première fois que j'ai vu l'intérieur de mon pied, c'est bien simple, je n'arrivais pas à y croire. C'est étrange, vous savez, comme spectacle. On se croirait transporté dans une autre planète. On reste là à contempler l'intérieur de son pied, dans une espèce de stupeur. On est sous le charme.

UN

C'est si beau que ça, l'intérieur d'un pied ?

DEUX

Oh !… Beau ? — oui et non. C'est surtout lointain.

UN

Quoi, lointain ?… ils sont pas si loin que ça, mes pieds.

DEUX

À les voir comme ça, non. Mais l'intérieur, croyez-moi, c'est à des milliers de kilomètres, et alors, en plus, ce qui impressionne, c'est que dans l'appareil, on voit ça comme si on y était.

UN

Oui, oui… Une fois j'ai regardé la lune dans un télescope, eh bien…

DEUX

Oui. C'est un peu la même chose, mais pas tout à fait. Vous comprenez, ce qui émeut, ce n'est pas tellement de voir de tout près ce qu'on ne voit pas d'habitude, le dedans de son pied. C'est de le voir dedans. Comme il est quand on ne s'occupe pas de lui. Parce que le dedans du pied, sitôt qu'il est dehors, c'est plus ça du tout.

UN

Du tout. Bien sûr : ça devient un pied de squelette. C'est comme les poissons, quand ils sont pêchés, c'est plus vraiment des poissons. Les poissons, il faut les voir dans l'eau.

DEUX

Exactement. Le dedans du pied il faut le voir dans son élément, c'est-à-dire dans le pied.

UN

J'irai me faire radiographier les pieds à la fin du mois d'avril.

DEUX

Je vous le conseille.

UN

Allez, venez, on va pas rester là toute la nuit.

DEUX

Allons-y.

Craquement.

UN

Chut.

DEUX

Oui, oui : chut.

UN

Suffit pas de dire : chut… Vous pourriez pas essayer de monter l'escalier avec votre pied droit seulement ?

DEUX

À cloche-pied ? Je serais obligé de sauter une marche sur deux ; ça va faire encore plus de bruit.

UN

Mais enfin, de quel endroit il craque, votre pied ?

DEUX

On ne sait pas. Le docteur m'a dit qu'on ne pouvait jamais savoir au juste ce qui craque, dans un pied.

UN

Faites-le craquer un peu, je vais essayer de repérer d'où vient le bruit.

Deux

Je veux bien, tenez…

Craquement.

… mais je vous dis, on ne peut pas savoir. Vous comprenez, dans un pied comme celui-ci, qui vous chausse du 41-42, un bon pied ordinaire, quoi, il y en a des plus grands, des plus compliqués… eh ben c'est fou ce qu'il y a comme os.

Un

Ah ?

Deux

On peut pas se figurer. C'est plein d'os, là-dedans. Même le médecin il s'y perd. Il m'a dit : ce qui grince, dans votre pied, c'est peut-être bien la jointure du scaphoïde et du deuxième cunéiforme. Mais ça peut tout aussi bien être la jointure du calcanéum et du cuboïde. Pour le savoir, il faudrait que je vous ouvre le pied ; mais une fois que vous aurez le pied ouvert, c'est pas dit qu'il grincera encore.

Un

Ah, ça ! un pied, ouvert, c'est plus vraiment un pied. Prenez une porte fermée, par exemple, et puis prenez la même porte ouverte, c'est plus la même porte. Plus du tout.

DEUX

Plus du tout. C'est comme s'il n'y avait plus de porte.

UN

Tout de même, ça m'étonnerait que j'aie un cuboïde dans le pied, moi. Il me semble que ça doit se sentir.

DEUX

Croyez pas ça. Tout ça, c'est des os qui se trouvent bien dans le pied ; ils y sont nés, ils y ont grandi tous ensemble, ils y ont leurs petites occupations. Pourquoi voulez-vous qu'ils vous fassent du mal, s'ils se trouvent bien ? c'est pas du tout comme les petits os qu'on trouve quelquefois dans un pâté.

UN

Ceux-là, ils vous cassent une dent comme rien.

DEUX

Mais c'est parce que dans un pâté, ils sentent bien qu'ils sont pas à leur place naturelle !

UN

Oui. Quand on ne se sent pas à sa place, on ne sait plus ce qu'on fait.

Deux
Plus du tout.

Un
Ah, non, on a beau dire, un pied et un pâté, c'est pas la même chose, pour un os.

Deux
Du tout.

Un
Du tout.

Deux
Même pour nous, c'est pas la même chose. Prenez un plat et mettez-y un pâté, par exemple, eh bien tout le monde sera content. Mais si c'est votre pied que vous mettez dans le plat ?…

Un
Ça fera pas du tout le même effet.

Deux
Du tout.

Un
Du tout. C'est tellement vrai qu'on pourrait faire un proverbe là-dessus.

DEUX

Sur les pieds et les pâtés ?

UN

Oui. Un proverbe complètement faux, comme il y en a des tas.

DEUX

Bien sûr.

UN

Tenez, par exemple : « Qui dit pied dit pâté. »

DEUX

Oui. Qui dit pied dit pâté. Qu'est-ce que ça voudrait dire ?

UN

Sais pas. Les proverbes, ça ne dit jamais exactement ce que ça veut dire. Il y a un sens caché. Faudrait creuser.

DEUX

Oui, faudrait creuser.

UN

Seulement, on creusera demain, parce que si ça continue, quand on arrivera là-haut, il sera parti. Venez.

Deux

Je vous suis.

Craquement.

Noir.

Un

Ben vous avez fait du propre.

Deux

C'est pas mon pied qui a fait ça. Ça doit être la minuterie. Attendez, je vais la rallumer.

Craquements.

Lumière.

Un

C'est pas possible. Vous grincez beaucoup trop.

Deux

Oui, je grince beaucoup.

Un

Sûrement que si vous marchiez avec un pâté, vous feriez moins de bruit.

Deux

Qu'est-ce que vous voulez que j'y fasse ? c'est pas de ma faute s'il n'y a pas d'ascenseur.

UN

Je suis désolé, mais il va falloir que vous restiez là, parce que, avec un bruit pareil, vous pouvez être tranquille qu'il va s'envoler, le petit oiseau.

DEUX

Le petit oiseau ?...

UN

Oui, tout en haut, sur le dernier palier, on m'a dit qu'il y avait un petit oiseau qui dort.

DEUX

Sans blague ?

UN

Oui. Moi, je ne l'ai jamais vu. Tous les soirs, je fais bien attention, mais il se méfie. Il y a toujours quelque chose qui craque, et alors, pfuit ! Plus rien.

DEUX

Il s'envole ?

UN

Oui. Enfin, quand je dis qu'il s'envole... non. Il pourrait pas, et puis c'est pas sa tactique. Il est bien plus malin.

DEUX

Qu'est-ce qu'il fait ?

UN

Il se met à ressembler à une ampoule électrique. Alors, comme des ampoules électriques il y en a des tas, on ne sait pas laquelle c'est.

DEUX

Drôle d'oiseau, dites.

UN

Oui, hein ? C'est pour ça que j'ai tellement envie de le voir, vous savez ; parce que moi, je ne suis pas d'un tempérament à me déranger pour un petit oiseau ordinaire.

DEUX

Mais qui est-ce qui vous a raconté ça ? La concierge ?

UN

Non, elle ne l'a jamais vu. Les locataires de l'immeuble non plus : à chaque fois que je leur en parle, ils n'ont pas l'air d'être au courant. Non, c'est mon arrière-grand-mère qui m'a dit ça, quand j'avais quatre ans…

DEUX

Oui, eh bien alors c'est une histoire comme on en

raconte aux enfants. Il n'a jamais existé votre oiseau. D'ailleurs, même s'il existait du temps de votre arrière-grand-mère, il est mort depuis.

Un

Non, non. Ça a la vie dure, ces bêtes-là. Et puis ça se reproduit.

Deux

Ah ? Il y en a plusieurs ?

Un

Mon arrière-grand-mère me disait qu'il y en avait un dans chaque immeuble, au sommet de l'escalier. C'est grand comme un moineau, à peu près.

Deux

Et ça s'appelle comment ?

Un

Ça s'appelle un gobe-douille.

Deux

Un gobe-douille ?

Un

Savez pas pourquoi ?

Deux

Non.

Un

Ah. Je vais vous le dire, parce que ça vaut la peine. Laissez votre pied tranquille. Vous avez lu Darwin ?

Deux

Darwin ?

Un

Darwin ?

Deux

Darwin ?

Un

Darwin !…

Deux

Darwin… Oui.

Un

Vous avez lu Darwin ? !

Deux

Enfin, je l'ai parcouru.

UN

Félicitations !

DEUX

Remarquez, je n'ai pas parcouru ses œuvres. Je n'ai parcouru que sa photographie.

UN

C'est suffisant. On peut considérer sa photographie comme un résumé de son œuvre.

DEUX

Oui. Quand on voit la tête qu'il avait, la première idée qui vous vient, c'est qu'il y a de fortes chances pour que l'homme descende du singe.

UN

Oui, Darwin ressemblait tellement à un gorille qu'on peut vraiment dire qu'il n'a pas eu beaucoup de mérite à trouver cette idée-là.

DEUX

Ah, là vous allez un peu loin ! parce que rien ne prouve que Darwin a eu cette tête-là tout de suite. La photo que nous avons de lui date de ses dernières années.

UN

Oui. L'influence de l'œuvre sur l'homme avait pu jouer, sans qu'il s'en aperçût.

DEUX

Sans qu'il s'en aperçût ! — Vous savez, les ressemblances ça se cultive. Ma cousine Paulette, depuis un mois et demi, elle ressemble de plus en plus à Sophia Loren[1], et pourtant elle n'avait rien pour ça.

UN

Alors d'après vous, si Darwin ressemblait à un gorille, c'était par coquetterie ?

DEUX

Ou par intérêt, n'est-ce pas ?… parce que pour ses livres, c'était tout de même la meilleure publicité.

UN

Sûrement.

DEUX

Vous me parliez du gobe-douille.

UN

Non, je vous parlais de Darwin.

DEUX

Justement, je ne vois pas le rapport.

1. Ou autre vedette actuelle.

Un

Si. C'est à cause du bec du gobe-douille que je vous parlais de Darwin. Parce que si le gobe-douille s'appelle comme ça, c'est à cause de la manière dont il se nourrit et de la forme de son bec, et que si son bec a la forme qu'il a, c'est à cause du transformisme, et que si on parle de transformisme, c'est à cause de Darwin.

Deux

Qu'est-ce qu'il a de spécial, le bec du gobe-douille ?

Un

Il ne s'ouvre pas.

Deux

Il ne s'ouvre pas ?

Un

Non. Il a grosso modo la forme d'un bouchon.

Deux

Alors, comment il mange, votre oiseau ?

Un

Il ne mange pas. Il se branche.

Deux

Tous les oiseaux se branchent ! En particulier ils

se branchent pour chanter ; ce n'est pas ça qui les nourrit.

UN

Un gobe-douille, d'abord, ne chante pas. Mon arrière-grand-mère me disait : Quand on entend chanter le gobe-douille, c'est qu'il va mourir. Et puis, ce n'est pas dans les arbres qu'il se branche. Il se branche là où c'est nourrissant : dans les douilles vides.

DEUX

Dans les douilles vides…

UN

Oui. Là où il manque une ampoule, le gobe-douille s'engouffre. Son bec cylindrique s'enfonce dans le trou, et alors, là, rien de plus glouton qu'un gobe-douille : il pompe toute l'électricité qu'il y a dedans, jusqu'à ce qu'on lui coupe le courant.

DEUX

C'est un parasite ?

UN

Oui. Mais ce qu'il y a de plus curieux, c'est que quand il se nourrit, dans sa douille, le gobe-douille se met à ressembler si exactement à une ampoule qu'il faut vraiment savoir que c'est un gobe-douille. Il pousse le mimétisme jusqu'à émettre une luminosité de 100 watts bien tassés.

DEUX

Alors, voulez-vous me permettre ? Comment distinguez-vous un gobe-douille d'une ampoule ?

UN

Au toucher. Au toucher on sent les plumes.

DEUX

Vous avez déjà touché un gobe-douille ?

UN

Non. Je voudrais bien. Mais mon arrière-grand-mère en avait apprivoisé un.

DEUX

Un gobe-douille ?

UN

Oui. Très gentil. Il lui faisait de la lumière. Quand il n'avait plus faim, elle lui coupait le courant, et au lieu de s'en aller, il restait tranquillement au plafond, la tête dans sa douille, il avait confiance, il dormait. Et puis un soir, mon arrière-grand-mère me l'a raconté bien souvent, un soir qu'il était là, en train de se gaver — jamais il n'avait été aussi resplendissant —, tout à coup il s'est mis à perdre ses watts. Il a chanté un peu. D'après mon arrière-grand-mère, le chant du gobe-douille, c'était à peu près ça : Bzzzzz. Alors, le pauvre petit oiseau a fait : Bzzzzz, et puis il s'est éteint, tout doucement.

Deux

C'est triste.

Noir.

Un

Pourvu que ce ne soit pas lui.

Deux

Mais non, c'est la minuterie. Une seconde.

Lumière.

Ce qui est triste, aussi, c'est que vous persistiez à croire que votre papa, votre maman, votre grand-papa et votre grand-maman, votre arrière-grand-papa, votre arrière-grand-maman ne vous ont jamais raconté que des histoires vraies. Moi, je n'y crois pas, à votre gobe-douille.

Un

Vous croyez bien aux ampoules électriques.

DEUX

Oui, mais les ampoules, c'est pas des oiseaux.

UN

Justement, si c'est pas des oiseaux, qu'est-ce que c'est, les ampoules ? On n'en sait rien. Et puis, je ne vous ai pas dit que j'y crois, au gobe-douille. Au contraire, ma conviction profonde est qu'il n'existe pas.

DEUX

Alors, qu'est-ce que vous cherchez tous les soirs, dans cet escalier ? si c'est pas le gobe-douille.

UN

Je cherche à vérifier que le gobe-douille n'existe pas.

DEUX

Vous n'y êtes pas encore arrivé ?

UN

C'est difficile.

DEUX

Bon, ben moi je vous laisse monter tout seul, parce que le bruit de mon pied doit faire peur aux oiseaux qui n'existent pas

Un

Chut !

Deux

Oui, oui, chut. Je n'ai pas bougé.

Un

Alors, qu'est-ce qui fait ce bruit-là ?

Bzzzz.

Le gobe-douille ! C'est le chant du gobe-douille !

Deux

Vous croyez ?

Bruit : Pof ! Noir.

Un

Qu'est-ce que je vous disais ! Vous voyez bien qu'il existe, le gobe-douille, puisqu'il vient de claquer !

Petit carnet de mise en scène

Félicia Sécher

Les « Diablogues »

Roland Dubillard fit ses débuts d'acteur et d'auteur au cabaret. Dès 1947, il écrit les premiers sketches qu'il joue lui-même, et qui feront partie par la suite des *Diablogues*. Cependant c'est pour la radio qu'il écrit la majorité de ces petites scènes drolatiques.

En effet, à partir de 1953, quotidiennement et pendant trois bonnes années, les auditeurs de France Inter pouvaient entendre Roland Dubillard et son ami Philippe de Cherisey interpréter un de ces sketches sous les pseudonymes respectifs de « Grégoire et Amédée ». Ce duo « de choc » connut alors un très grand succès radiophonique

Plus tard seulement, tous ces sketches ont été regroupés et édités sous le titre de *Diablogues et autres inventions à deux voix.* Une première partie des *Diablogues* a d'abord été éditée par Marc Barbezat aux éditions de L'Arbalète en 1976. Puis les *Nouveaux Diablogues* ont été édités par le même éditeur en 1988. Depuis 1998, les *Dia-*

blogues sont aussi disponibles en deux volumes poche dans la collection «Folio» (Gallimard).

Le mot « diablogue » est une invention de Roland Dubillard, un mot rigolo qui définit une forme de dialogue humoristique.

Le langage roi

À la radio, les pièces lues et jouées par les acteurs suscitent un univers par définition invisible, créé par la seule parole. En même temps, l'auteur est dégagé de toutes les contraintes matérielles de la scène pour représenter une situation. Les *Diablogues* laissent ainsi libre cours au seul pouvoir des mots pour éveiller l'imaginaire de l'auditeur. Le langage est roi et donne à entendre ce qu'on ne voit pas avec les yeux.

Ce pouvoir illimité des mots pose la question de la mise en scène, qui devient ainsi une véritable gageure. Serait-ce justement pour cela que les *Diablogues* ont aujourd'hui tant de succès dans les ateliers de théâtre et les cours de conservatoire ? Ces sketches offrent en effet une source inépuisable pour expérimenter le jeu et la mise en scène, tout en laissant le pouvoir au langage.

À l'aide de ce petit carnet de mise en scène, nous tâcherons de proposer des possibilités pour que le jeu et la mise en espace soient autre chose que la pâle illustration scénique de ce que les mots de l'auteur disent déjà si bien.

Les *Diablogues* réunis ici ont été choisis pour la variété et l'originalité des situations qu'ils évoquent. Il s'agit, au départ, de situations simples qui relèvent le plus souvent de la vie quotidienne. Cependant, par « l'alchimie du verbe » et l'ingéniosité de bien des détails, l'auteur fait subir à cette vie quotidienne plus d'une métamorphose. Peu à peu, le lecteur et le spectateur sont plongés dans les situations les plus étranges, comme dans *Le malaise de Georges*, ou extravagantes, comme dans *Au restaurant*, ou encore extraordinaires (presque fantastiques), comme dans le *Dialogue sur un palier (Le gobe-douille)*. Désormais une autre réalité prend vie le temps d'un *Diablogue*.

C'est cette caractéristique du talent de Roland Dubillard qu'il faudrait essayer de mettre en valeur par la mise en scène. Les *Diablogues* offrent un mélange savant et drolatique d'inventivité poétique et dramatique, ils offrent au comédien et au metteur en scène la possibilité de travailler sur un enjeu fondamental du théâtre tout en s'amusant. Car c'est un véritable défi que d'essayer de rendre sensible par le jeu et la scène cette métamorphose de notre monde.

Pour garder en mémoire l'influence de l'espace radiophonique, les exercices préliminaires présentés ici proposeront dans un premier temps une lecture destinée à faire redécouvrir les *Diablogues* par le son. Puis, à partir d'un autre exercice, vous pourrez essayer de travailler uniquement sur les images. Les exercices d'improvisation permettront ensuite de travailler sur la forme du dialogue en privilégiant la qualité dans la manière de s'adresser à l'autre. Enfin, nous proposerons des expérimentations scénographiques en nous appuyant sur les situations et les particularités de chacun des *Diablogues*.

Ces pistes forment un fil conducteur pour aider à mettre en scène ces *Diablogues* choisis. Leur but est avant tout de vous donner envie de mettre à l'épreuve votre inventivité et votre imagination tout en vous amusant librement.

Avec l'univers de Roland Dubillard tout devient possible, profitez-en !

Exercices préliminaires

Ouvrez l'œil

Une lecture attentive

La première chose à faire, c'est de lire et relire les *Diablogues*, surtout si c'est la première fois que vous abordez l'univers de Roland Dubillard, car ils mettent en scène un monde singulier auquel il faut s'ouvrir.

Essayez de les lire en différents lieux et à différents moments de la journée : en attendant l'autobus, dans la voiture, au petit déjeuner, à la récré, au dessert à la cantine, le soir avant de vous endormir... Vous découvrirez peu à peu la richesse du monde qui s'offre à vous.

Ce petit recueil de *Diablogues* pourrait devenir un compagnon idéal pour vous aider à garder le sourire intérieur qui peut parfois vous manquer lors d'une dure journée... au collège par exemple !

Observez

Profitez de ces lectures pour devenir meilleur observateur du monde qui vous entoure : la vie quotidienne est un théâtre trop souvent ignoré. Vous pouvez voir « en direct » des scènes très amusantes : dans la rue, au supermarché, en regardant vivre vos voisins ou vos camarades de classe, etc. Ouvrez grands vos yeux afin d'enregistrer un véritable « fichier » d'expressions, de gestes, d'attitudes, de regards et de lieux. Cette mémoire visuelle est une base de travail qui vous sera toujours d'un grand secours pour inventer et construire des images lors de la transposition théâtrale.

Les images mentales

De la même façon, gardez en vous toutes les images qui surgiront sous vos yeux à la lecture des *Diablogues*. Au besoin n'hésitez pas à tout noter dans le moindre détail comme si vous vous mettiez à écrire vos rêves.

Décrivez ces images mentales à vos camarades de classe ou d'atelier. Ce sera l'occasion de trouver les mots justes pour qu'ils puissent voir à leur tour le travail de votre imagination : c'est comme une première représentation. Pour ceux qui se sentent plus à l'aise avec le dessin, croquez votre image ! Rigolade assurée.

Travaillez ensemble

Les règles du jeu

Vous allez spontanément avoir envie de travailler avec certains de vos camarades. Il faut cependant essayer, dans un premier temps, de travailler tous ensemble pour ne pas s'enfermer dans un groupe. Souvent, au cours du travail, les choses évoluent, on apprend à mieux se connaître et les affinités peuvent changer. Gardez toujours cette liberté qui permet de renouveler les combinaisons de personnes lorsque cela vous semble judicieux.

Chacun doit apporter sa pierre à l'édifice, il faut donc être patient avec soi-même et avec les autres. Si vous pouvez écouter votre camarade sans l'interrompre, il fera à son tour l'effort de vous écouter jusqu'à la fin de votre intervention.

Ces petites règles du jeu sont très simples à respecter et elles permettent des séances de travail efficaces.

Les exercices qui suivent devraient vous permettre d'essayer entre vous le maximum de combinaisons. Si vous avez bien suivi la première étape de lecture en solitaire, vous êtes prêts pour vous réunir autour d'une grande table afin de lire ensemble.

Lectures à plusieurs

Tous les *Diablogues* de votre livre ont la même forme : il s'agit toujours d'un dialogue entre deux personnages, Un et Deux. Profitez du groupe et des personnalités différentes de chacun pour lire systématiquement et chacun à votre tour le texte des deux personnages. N'essayez pas de jouer, c'est une lecture. Ouvrez vos oreilles, car les caractéristiques de voix et d'intonation propres à chacun de vous apporteront de nouvelles nuances au texte. Ainsi certaines associations de voix vont provoquer des images inattendues. Lorsqu'on lit pour soi, on est un peu sourd !

Il s'agit vraiment d'une étape très importante car elle permet de redécouvrir le texte par le son. (N'oubliez pas que la plupart des *Diablogues* ont été écrits pour la radio.) Au fur et à mesure de ces exercices, vous essaierez ainsi de devenir « la seule oreille qui parle », pour reprendre une expression de l'auteur (*La Boîte à outils*, éditions de l'Arbalète, 1998, page 161).

L'écriture de Roland Dubillard est très riche en jeux de mots, allitérations, répétitions de phonèmes, onomatopées : c'est cette richesse qui doit prendre corps au fil des lectures de groupe. En lisant les *Diablogues* avec différentes combinaisons de voix, ces jeux de langage prendront peu à peu toute leur dimension.

Après chaque séance de lecture échangez vos impressions « à chaud » sans chercher à faire une explication de texte. Laissez-vous imprégner par cet univers pour qu'il vous semble de plus en plus réel et logique. Ne retenez pas vos rires : il faut vous détendre !

Faites vos gammes

Le rythme

Après ces nombreuses lectures, essayez, toujours à tour de rôle et en changeant de personnage, de jouer avec le rythme. (Ces exercices sont à faire debout et pieds nus.) Prenez par exemple *Le ping-pong* et contraignez-vous à le lire le plus lentement possible en laissant de longs silences à l'intérieur du dialogue. Faites ensuite des lectures à toute vitesse : essayez par exemple avec *L'itinéraire*. Puis cherchez et expérimentez toutes les étapes intermédiaires. Vous en découvrirez plus d'une !

Vous avez à votre disposition toute une gamme rythmique pour servir l'interprétation du texte. Grâce à ces changements de rythme, vous comprendrez par exemple qu'un long silence peut permettre d'installer une image ou une atmosphère, qu'il peut aussi être inquiétant ou renforcer l'humour d'une chute (la fin d'un diablogue). En outre, travailler les silences vous donnera de l'assurance.

Maîtrisez la vitesse

La vitesse accélérée est plus délicate à manier, car il faut savoir rester compréhensible. Cependant une vitesse nuancée, articulée et utilisée à bon escient, peut surprendre l'auditeur et déclencher le rire. Les nuances et l'alternance de débit peuvent ainsi vous apprendre à capter l'attention de l'auditoire.

Lorsque l'effet vous semble intéressant sur tel ou tel passage, une phrase ou même un mot d'un diablogue, vous pouvez le noter à l'endroit voulu dans votre texte. Mais attention, ne vous transformez pas en perroquet de vos propres trouvailles !

Modulez la voix

Essayez maintenant de moduler avec l'intensité de votre voix. Lisez le plus fort possible (sans crier), par exemple *Nostalgie*, puis essayez de lire à voix très basse, presque en chuchotant (on doit comprendre ce que vous dites), *Les voisins*. Vous découvrirez beaucoup de choses passionnantes et amusantes, notamment sur les sautes d'humeur des deux personnages. Apprenez à jouer avec toutes ces modulations puis combinez rythmes et intensités. Essayez en fin de séance d'ajouter des nuances de registre c'est-à-dire de hauteur de voix (de l'aigu au grave). Faites la tentative notamment sur les onomatopées du *Ping-pong*.

Enfin, mixez le tout avec la liste du menu de *Au restaurant*.

Ces exercices forment un véritable échauffement de tout le corps, ils sont difficiles et demandent beaucoup d'énergie. Ne cédez pas à la tentation de « trop jouer », c'est-à-dire d'en faire trop en caricaturant votre personnage au détriment de l'autre. Ne vous transformez pas en amuseur public numéro un : pour bien jouer un diablogue, il faut être deux.

Maintenant que vous êtes familiarisé avec le texte au point de savoir presque par cœur les répliques de vos *Diablogues* préférés, oublions tout, les mots, notre voix, ses tralalas, et passons à autre chose...

Composez des photographies

Après cet échauffement, vous pouvez laisser un peu de côté le texte pour ne garder en mémoire que les situations de chacun des *Diablogues*.

Filez à la bibliothèque feuilleter des revues ou des magazines et empruntez des images ou des photos qui vous semblent de près ou de loin correspondre aux situations des *Diablogues*. Par exemple : des personnages autour d'un tilbury qui prennent la pose pour la photo, des joueurs de ping-pong photographiés dans des postures inconfortables, une scène dans un restaurant, le trottoir encombré d'une grande ville...

Observez ces images avec beaucoup d'attention : le but est de les reproduire vous-même. C'est un exercice très amusant si vous cherchez à le faire avec précision.

Choisissez-vous un personnage et reproduisez-le à l'identique : sa posture des pieds à la tête, son regard, son expression, la distance qui le sépare des autres personnages, etc. Quand tout le monde est prêt, on s'immobilise.

C'est l'occasion d'apprendre à tenir en équilibre, ou à maintenir votre respiration pour ne pas bouger même si votre nez vous gratte terriblement ! Respirez par le ventre pour ne pas soulever les épaules.

À partir de cette image vous pouvez essayer d'en créer d'autres. Puis, une fois que l'image de départ est reproduite et bien immobile, au signal d'un camarade-spectateur (qui peut simplement taper dans ses mains), chacun de vous peut bouger au ralenti (simplement la tête ou l'avant-bras et un doigt par exemple). Ensuite, à un second signal, tout le monde s'immobilise à nouveau, et ainsi de suite.

Plusieurs d'entre vous doivent donc rester à l'extérieur, comme des spectateurs : leur rôle sera de corriger l'image vivante par rapport à la photo et de donner les signaux pour animer ou immobiliser l'image. Chacun peut essayer la place du spectateur car il est intéressant de pressentir les moments opportuns pour donner les signaux.

Travaillez dans le silence et la concentration, vous obtiendrez de très beaux instantanés. Faites-en des photos et observez-les : vous remarquerez que les postures et les contorsions du corps peuvent être très comiques, que savoir arrêter son corps dans un mouvement apporte un impact visuel très fort. Autant de choses qui vous serviront pour jouer, car notre corps aussi a une mémoire.

Exercices d'improvisation

Travaillez le regard

Faites deux groupes, un groupe de personnages 1 et un groupe de personnages 2, et placez les deux groupes face à face. Ne vous alignez pas mais tenez-vous assez serrés. Il faut simplement que chacun ait la place de faire un pas en avant.

Concentrez-vous et travaillez simplement avec vos yeux. Chaque groupe regarde attentivement ses camarades d'en face, tout d'abord sans chercher à fixer quelqu'un. Observez-vous comme en surface, en parcourant du regard tout le groupe opposé. Puis essayez de temps à autre de fixer deux secondes un de vos camarades. Au-delà de ces deux secondes vous devez faire un pas en avant et vous adresser à lui. Vous pouvez ne lui dire qu'un mot, ce qui vous passe par la tête, c'est sans importance pourvu que tout le monde comprenne à qui vous vous adressez et ce que vous lui dites. Lorsque vous avez terminé, reculez d'un pas.

Ensuite, c'est au tour du camarade du groupe 2 à qui vous vous êtes adressé, de définir du regard, en prenant le temps nécessaire, la personne du groupe 1 à laquelle il va s'adresser. Il fait un pas en avant lorsque son intention est claire, et ainsi de suite.

Testez votre concentration : elle ne doit pas se relâcher sous prétexte que « ouf ! », on ne s'adresse pas à vous. Au contraire, continuez à maîtriser votre regard pour rester attentif à ce qui se passe. Vous devez percevoir non pas les autres, mais vous-même par rapport aux autres.

Avec de l'entraînement, vous pourrez enchaîner ces exercices plus vite. Parfois l'improvisation fonctionne très bien même lorsqu'on est nombreux. Si votre dialogue à plusieurs voix n'a pas de sens, s'il est sans queue ni tête, il peut cependant être très intéressant si vous vous adressez les uns aux autres de manière suffisamment variée.

De l'improvisation au diablogue

Vous allez probablement sentir s'installer dans l'atmosphère une sorte de suspens, une tension entre les deux groupes et les deux personnages qui s'adressent l'un à l'autre. Profitez de ce moment pour reprendre le texte d'un diablogue en continuant cet exercice. Le groupe 1 lit le personnage Un et le groupe 2 lit le personnage Deux en fonctionnant de la même manière que lors de l'improvisation, en travaillant le regard et l'adresse à l'autre.

Vous allez tout de suite comprendre pourquoi il est intéressant de reprendre un diablogue juste à ce moment-là.

Que savons-nous de ces deux personnages, Un et Deux ? A priori très peu de chose. Lorsque j'ai posé la question à Roland Dubillard, il m'a répondu :

– Un et Deux sont aussi importants l'un que l'autre,

– ils se connaissent déjà (dans aucun diablogue il ne s'agit d'une première rencontre),

– ils dialoguent tous les deux très sérieusement,

– surtout, ils sont tout simplement humains : ils bavardent et, au cours de leurs bavardages, ils ont des sautes d'humeur ou des accès de colère qui passent et reviennent. Il est vrai que la plupart du temps ils sont hostiles l'un envers l'autre !

Voilà, nous en savons suffisamment.

Ainsi, ce que vous avez expérimenté pendant l'exercice, cette tension entre vous, c'est un peu la même chose, et il faut vous en servir pour essayer de jouer les *Diablogues*. Attention, modulez et nuancez tout cela, c'est un face à face et non un duel ! Surtout, c'est pour rire...

Après tous ces exercices, vous êtes déjà bien préparé pour vous lancer dans l'aventure de la représentation, mais avant, il vous faut encore quelques pistes scénographiques. Faites alors appel à votre inventivité et à votre imagination.

Pistes scénographiques

Il n'est pas nécessaire d'enchaîner tous les *Diablogues* pour proposer un petit spectacle. Vous pouvez travailler sur des variantes de trois ou quatre diablogues en changeant la distribution de Un et Deux, ainsi que la mise en espace. C'est à vous d'élaborer votre projet et de tenter ce qui vous amuse. Vous pouvez désormais travailler à deux, mais revenez le plus souvent possible aux exercices de groupe pendant l'élaboration du projet.

Avant de jouer, rappelez-vous toujours que les deux personnages, Un et Deux, sont très sérieux et qu'ils sont aussi importants l'un que l'autre.

Dans l'ensemble, évitez les gesticulations, ne vous laissez pas troubler par les rires du public et essayez de tirer le profit maximum de tous les exercices précédents. Vous aurez sans doute l'impression d'avoir tout oublié : c'est le trac, ça passe tout seul !

Les intermèdes entre deux diablogues

Si votre travail vous amène à enchaîner plusieurs diablogues, vous pouvez par exemple intercaler entre chaque diablogue de courts intermèdes musicaux. Là encore, laissez libre cours à votre imagination et à vos envies. Les intermèdes peuvent même n'avoir aucun rapport avec les diablogues pour mieux prendre le spectateur au dépourvu.

Par exemple un petit groupe peut surgir juste après la fin d'un diablogue pour chanter avec beaucoup d'application et de sérieux des comptines ou des chansons (« Le furet », « Il était un petit navire », «Le roi Dagobert», «Une poule sur un nid»...) Ou alors, intercalez vos musiques préférées, tentez l'expérience.

L'un de vous peut aussi traverser la scène en exécutant, toujours avec beaucoup d'application, un pas de danse, ou en marchant très vite, comme poursuivi par quelqu'un. Ou encore, faites surgir des personnages de fête hauts en couleur, costumés et maquillés, qui ne font rien d'autre que venir se présenter au public pour repartir aussitôt. Et pourquoi pas, un de vos camarades, assis incognito parmi les spectateurs, peut tout d'un coup se lever et distribuer des bonbons.

Il est important que ces petites interventions soient inattendues, rapides, soignées et bien réglées : elles doivent divertir le public, renouveler son écoute et son attention, et ainsi mettre en valeur votre travail sur les diablogues.

Si vous voulez changer de décor, amener de nouveaux éléments ou des accessoires pour le diablogue qui suit, vous pouvez faire ces changements à vue pendant l'intermède.

La mise en scène proprement dite

L'important maintenant est de mettre en valeur les caractéristiques de l'univers de Roland Dubillard à travers la mise en scène. Nous avons déjà parlé, au début de ce petit carnet, de cette alchimie de mots à la fois drôle et poétique qui métamorphose l'ordinaire en extraordinaire. Pour que votre public entre dans ce monde il faut essayer de lui donner à voir cette nouvelle réalité. Il faut lui faire croire à l'incroyable, le « mener en bateau ». Avec les deux personnages des *Diablogues*, vous êtes à bonne école !

Jouez sur les contrastes

Si les deux personnages évoluent dans une mise en espace insolite, originale, sans avoir l'air d'être surpris, cet espace inattendu s'imposera peu à peu aux spectateurs qui s'accoutumeront à ce nouvel univers. De même, si vous parvenez à créer une atmosphère qui contraste avec le texte ou la situation sans que Un et Deux ne semblent rien remarquer d'inaccoutumé, le public pourra croire à leurs histoires.

Par exemple, si vous faites jouer Un et Deux de manière très statique alors qu'on s'attend à les voir bouger dans tous les sens, vous mettrez en valeur le caractère inattendu et surprenant de certaines situations...

Ces exemples sont autant de stratégies scéniques qui permettent de mettre en valeur l'univers de Roland Dubillard. Les *Diablogues* regroupés ici ont été choisis pour l'originalité des situations qu'ils proposent : ils offrent la possibilité de trouver la direction à prendre en utilisant ce type de stratégie.

Images insolites : quelques exemples

L'insolite peut se loger dans un seul objet sur la scène, ou il peut être omniprésent dans le décor pour créer un univers entièrement original. Mais ce qui semble bizarre ou étrange au public doit rester tout à fait normal et ordinaire pour nos deux personnages : durant tout le temps de la représentation, leur réalité doit prendre le dessus sur notre réalité. C'est dans le décalage entre ces deux univers que peuvent se développer le comique et la poésie. Voici trois exemples d'utilisation de l'insolite.

« Le tilbury »

Pour mettre en scène ce diablogue vous pouvez par exemple vous concentrer tout particulièrement sur la fabrication du tilbury. Celui-ci peut devenir un objet insolite par excellence pour être le point de mire de votre mise en scène. Ne cherchez pas à coller à la réalité et faites marcher votre imagination pour construire une « machine » qui ressemblera à un cheval tirant une voiturette.

Puisque pour Un et Deux il s'agit tout bêtement d'un cheval ordinaire, faites-en au contraire une sculpture fascinante pour le public.

Vous pouvez bien entendu utiliser un cheval de bois, mais un manche à balai avec au bout une tête en carton ou en papier mâché (dessinez juste l'œil de votre cheval et collez-lui une vieille perruque sur la tête) et à l'autre bout des fils de laine ou de scoubidou en guise de queue peut très bien faire l'affaire. Fixez votre « cheval » à une poussette pour enfant dans laquelle l'un des deux personnages peut s'installer. Même s'il est très à l'étroit, l'effet n'en sera que plus comique. L'autre personnage peut rester debout à côté du cheval.

Exploitez l'absurdité de la situation : quand l'un sort de la poussette pour mieux observer le cheval, l'autre va s'y installer aussitôt, et ainsi de suite.

Si vous êtes très ingénieux, imaginez un système avec une bride actionnant la tête et la queue (pour la « chute » du diablogue).

Peut-être avez-vous déjà vu un spectacle de la troupe de théâtre « Royal de luxe », pourquoi ne pas s'inspirer de leur ingéniosité poétique ?

« Les voisins »

Avec ce diablogue vous pouvez imaginer une mise en espace inattendue, destinée à mettre en valeur la situation : deux personnages regardent leurs voisins à travers un trou dans le mur.

Vous pouvez utiliser un paravent très léger ou une plaque de carton assez épaisse suffisamment grands pour que Un et Deux puissent se dissimuler entièrement derrière. Décorez recto verso avec de la vieille tapisserie à grosses fleurs bariolées par exemple.

Vous pouvez aussi créer la décoration du «mur» vous-même avec de la peinture ou des collages. Découpez un rectangle non pas à la hauteur de vos yeux mais un peu plus bas. Il doit être assez grand, on doit voir côte à côte deux paires d'yeux. Costumez-vous en blouse imprimée dans le genre de votre décor mural. Vous connaissez les Deschiens, cela peut vous donner des idées !

Au début du diablogue, les deux personnages peuvent se présenter de dos au public en tenant chacun d'un côté le « mur ». En fait, comme ils sont obligés de se baisser légèrement pour observer leurs voisins par le trou, ils nous présentent leur derrière ! Petit à petit, très lentement, Un et Deux peuvent tourner en bloc avec le « mur » tout en continuant à regarder à travers le trou. À la fin du diablogue, les deux personnages se retrouveront face aux spectateurs, derrière le mur, les yeux grands ouverts pour les observer.

En renversant ainsi la situation et la relation scène/salle, vous donnez à voir une image insolite et inhabituelle qui fera rire votre public.

« L'itinéraire »

Avec *Le tilbury* et *Les voisins*, nous avons proposé de concentrer la mise en scène sur l'utilisation d'un objet ou d'un élément insolite. Avec *L'itinéraire*, pourquoi ne pas essayer de créer tout un univers bizarre ?

Le personnage Deux est toujours sur le départ, il a un rendez-vous, il est très pressé, pourtant il reste écouter les conseils d'itinéraire du personnage Un. Il faut donc essayer d'imaginer un processus scénique assez fort pour capter l'attention de Deux au point de lui faire rater son rendez-vous.

Vous pouvez par exemple installer sur le sol une grande carte géographique. Puis poser dessus de fausses plantes, des jouets, mini autobus, voitures, petits bâtiments que vous aurez construits en Lego, bonshommes miniatures comme des agents de police, etc. Imaginons que les deux personnages s'installent à quatre pattes au milieu de ce bric à brac. Au fur et à mesure de ses explications et de ses conseils, le personnage Un anime tout ce petit monde, joue avec les autobus en faisant des bruitages comme lorsque les enfants jouent au circuit, incite le personnage Deux à jouer avec lui en lui donnant des jouets, construit petit à petit une tour de la Bastille très très haute... Et le personnage Deux se laisse aller à jouer avec lui comme s'il retombait en enfance. Malgré de nombreuses tentatives, il ne parvient pas à quitter ce « tapis magique » (il peut quelquefois se lever, bien décidé à partir, mais chaque fois il garde un jouet dans la main et doit revenir pour le rendre).

N'hésitez pas à imaginer de nombreux détails pour créer tout un univers de l'enfance et de ses jeux. Cette intrusion pour le moins curieuse dans l'univers des adultes peut vous aider à mettre en image la spontanéité et la fraîcheur caractéristiques du ton et du style de l'écriture de Roland Dubillard. Et si vous expérimentez ce processus, installez le public par terre tout autour du tapis pour essayer de faire participer quelques spectateurs !

À propos du monde de l'enfance dans l'œuvre de Roland Dubillard, vous pouvez lire *Dialogue puéril*. Il s'agit d'un diablogue très amusant qui nous replonge avec beaucoup de justesse et d'humour dans l'univers des enfants.

Créer une atmosphère : quelques exemples

Voilà une autre piste scénographique qui peut vous permettre d'exploiter le contraste entre une situation donnée et le dialogue qui l'accompagne, contraste que l'on retrouve souvent dans les *Diablogues*.

Vous imaginez très précisément tout un décor destiné à illustrer une situation émouvante ou impressionnante. Si les personnages qui évoluent dans votre décor ont une attitude tout à fait banale et ordinaire, d'emblée la situation deviendra risible et vos personnages burlesques. Prenons comme exemple *Le malaise de Georges* pour illustrer cette piste.

« Le malaise de Georges »

Dans ce diablogue, tout peut être mis en œuvre pour créer une atmosphère étrange. N'hésitez pas à en faire trop, à surcharger votre espace de détails, pourvu que ces détails contribuent à créer une ambiance très particulière.

Installez par exemple des bougies dans la pénombre, accrochez au mur des portraits de famille qui font peur, faites brûler de l'encens qui fait de la fumée... Choisissez une table pour Georges. Enroulez une partie de son corps avec du papier toilette, maquillez son visage avec du vert... Essayez d'imaginer une mise en scène un peu morbide mais drôle.

Laissez les spectateurs s'imprégner de l'atmosphère en mettant une musique d'introduction avant de commencer le dialogue (un passage du *Requiem* de W. A. Mozart ou un air d'opéra très dramatique). Lorsque Un et Deux commenceront à discuter des avantages et des inconvénients du suppositoire, après cette introduction impressionnante, le contraste produira un effet comique saisissant !

Créer une atmosphère n'est cependant pas toujours synonyme d'abondance de décor : avec le *Dialogue sur un palier (Le gobe-douille),* vous allez comprendre que les indications de l'auteur peuvent à elles seules garantir la mise en place d'une atmosphère très particulière.

« Dialogue sur un palier (Le gobe-douille) »

Pour mettre en place la mise en scène de ce diablogue, il n'est pas nécessaire d'employer les grands moyens. Un espace neutre et nu n'imposera aucune interférence visuelle aux spectateurs et permettra aux comédiens de développer en toute liberté la poésie de la situation et des mots du diablogue.

Ici l'atmosphère est liée aux interventions de la lumière et du son. Il suffit de placer les deux personnages en bas d'un escalier dont on peut distinguer les premières marches et de suivre à la lettre les didascalies de l'auteur. Les principales indications scéniques qui alternent au cours du diablogue sont : « noir », « lumière », « craquement ».

En coulisse, l'un de vous peut se charger d'allumer ou d'éteindre la lumière selon ces indications (il pourra aussi faire la sonnerie, le *bzzz* et le *pof* du gobe-douille). Lorsqu'ils sont plongés dans le noir, Un et Deux éclairent avec leur lampe de poche le bas de l'escalier et parfois leur visage. Ils parlent en chuchotant, mais ils ont parfois des éclats de voix, surtout pour dire le mot : « chut !!! »

Une atmosphère étrange doit s'installer pour intriguer les spectateurs. N'oublions pas que Un et Deux sont en expédition spéciale pour observer un étrange animal, le « gobe-douille » ! Vont-ils réussir à le voir ? Suspens...

Quant au son, il faut trouver un truc pour faire le craquement du pied du personnage Deux. Là encore, comme pour la lumière, suivez bien les indications de l'auteur, car le craquement du pied (comme les jeux entre la lumière et le noir) intervient sans cesse pour retarder l'expédition. Cet élément sonore vous aidera à installer une atmosphère de suspens, à mettre le public en attente et à capter son attention

Le craquement est aussi un élément humoristique. Si vous mettez dans la chaussette du personnage Deux un grelot ou un objet qui couine quand son pied appuie, vous obtiendrez des effets comiques très différents. Essayez plusieurs bruits.

Un autre exemple : si Deux fait le bruit avec sa bouche sans se cacher du public mais que Un ne remarque rien, l'effet sera peut-être encore plus drôle parce qu'une complicité s'installera avec le public.

Vous pouvez éventuellement, au début et à la fin du diablogue, faire entendre quelques notes de musique d'un film à suspens. Par exemple le célèbre morceau composé par Ennio Morricone, « L'homme à l'harmonica », pour *Il était une fois dans l'Ouest*.

À la fin du diablogue, un de vous peut aussi traverser la scène avec une pancarte portant l'inscription « Suite au prochain épisode ». Vous pouvez ainsi inventer des petits détails scéniques très simples pour alterner entre la drôlerie, l'absurde et l'étrangeté de la situation sans perdre de vue pour autant l'importance et le sérieux du dialogue entre les deux personnages.

Si vous réussissez à créer ce contraste entre l'atmosphère et le texte, votre public se laissera charmer par cette merveilleuse histoire, et qui sait, il n'est pas impossible que certains, en rentrant chez eux, aient envie d'aller vérifier si le gobe-douille n'existe pas !

Images en décalage : quelques exemples

Examinons maintenant notre troisième piste scénographique en travaillant sur les images en décalage, à partir de trois exemples. Jouons tout d'abord sur le décalage spatial et rythmique. Vous allez tout de suite comprendre de quoi il s'agit avec le diablogue *Nostalgie*.

« Nostalgie »

Nostalgie est un diablogue très poétique. Le texte évoque une image très forte et très belle qui se dessine sous nos yeux dès la lecture : c'est la « Limande-des-Neiges ». Il vaut donc mieux ne pas troubler ce processus mental par une surenchère d'images scéniques.

Les deux personnages se placent au premier plan et discutent simplement. Le personnage Deux peut parler d'une voix très triste, l'air très malheureux. C'est le meilleur moyen pour qu'il mène tout le monde en bateau avec sa belle histoire de limandes migratrices !

Derrière, vous pouvez composer une toile de fond vivante qui s'anime au ralenti pour créer des images décalées dans l'espace et le rythme par rapport au dialogue. Cela permettra de mettre en valeur le dialogue tout en suggérant, en arrière-plan, des images à la fois drôles et mélancoliques.

Pour cela, tâchez de former deux chœurs (de trois ou quatre personnes) placés en retrait derrière chacun des deux personnages. Le chœur du personnage Un pourrait illustrer les Parisiens : ils peuvent tenir des volants dans les mains, un gros klaxon, un téléphone portable... Le chœur du personnage Deux pourrait illustrer les habitants de sa région mystérieuse : ils peuvent tenir des bâtons de ski, des petites clochettes, un appareil qui imite le bruit d'un oiseau ou d'une vache, un verre de vin... Ces deux chœurs doivent toujours rester en retrait, sans bouger.

De temps en temps, pendant le dialogue de leur personnage respectif, chaque chœur peut utiliser ses accessoires mais toujours avec parcimonie, lenteur et doigté : faire tourner le volant, entendre un petit coup de klaxon, faire les mouvements des bras du skieur ou imiter avec la bouche le bruissement d'une glissade dans la neige...

Les bruits doivent parvenir au public comme assourdis et lointains, les mouvements doivent être au ralenti, souples et déliés. Ils renforceront le ton nostalgique du diablogue. Chaque chœur peut s'immobiliser dans son mouvement lorsque ce n'est plus à son personnage de parler, comme des arrêts sur image. Les accessoires peuvent apporter une touche d'humour pour tourner en dérision la dualité Paris/Province.

À vous d'exercer votre imagination... Et c'est le moment de vous inspirer de l'exercice « Composer des photographies ».

« Au restaurant »

Ici, pourquoi ne pas tenter de faire évoluer les deux personnages dans un temps décalé ? *Au restaurant* est un diablogue très amusant, que vous pouvez mettre en scène le plus simplement du monde, car là encore, les mots se suffisent à eux-mêmes.

Il est important de commencer par installer un grand miroir. Placez-le de telle sorte que l'on puisse y voir à la fois Un et Deux installés à la table du restaurant et le public en arrière-plan. Ensuite, essayez d'imaginer des détails qui donnent au public la sensation du temps qui passe. Tentez de composer, en parallèle avec le temps de la représentation, un autre temps, celui de nos deux personnages dans le restaurant. Un temps décalé qui s'étale, et qui, pourrait-on dire, « dure plus longtemps ».

Pour cela, vous pouvez par exemple installer sur la table du restaurant un métronome ou un réveil dont on entend le tic-tac que l'un arrête et que l'autre remet en marche aussitôt. Ou installer une grande horloge au mur et, toutes les deux secondes, un des deux personnages avance l'aiguille d'une heure. Essayez ainsi de troubler la notion du temps en faussant les repères habituels.

Vous pouvez aussi accentuer la notion du temps qui passe, l'attente prolongée, en transformant petit à petit l'apparence des deux personnages. Un et Deux sont très chic à leur arrivée dans le restaurant mais le public assiste à la transformation progressive de leur tenue vestimentaire. Supposons qu'ils ont chaud, soif et faim. Ils enlèvent par exemple leur veste, déboutonnent leur col, remontent les manches de leur chemise…

Le personnage Un peut porter des postiches – moustache, barbe, cheveux – qu'il décolle un à un de temps en temps. Les deux personnages peuvent aussi se tourner vers le miroir à intervalles très réguliers comme s'il s'agissait d'une chorégraphie… Autant de détails que vous trouverez en jouant, qui mettent en valeur le comique de la situation.

Faites ces gestes avec beaucoup de calme. Si vous jouez l'impatience, vous risquez d'obtenir un effet redondant, superflu, car l'impatience figure déjà dans les mots du dialogue.

Le but est d'essayer de confronter plusieurs notions du temps qui passe. Rendre le temps mouvant et distordu est un moyen pour s'en affranchir. En perdant ses repères, le public pourra très facilement oublier la réalité de la représentation et se laisser entraîner dans le nouvel univers qui lui est proposé.

La perception toujours changeante du temps qui passe est un thème que l'on retrouve dans l'œuvre de Roland Dubillard : les montres, horloges, réveils… sont des éléments très présents dans son univers. Plusieurs des *Nouveaux Diablogues* introduisent ainsi ces objets du temps étrangement métamorphosés : des montres yoyo dans *Boutique 7 : L'horlogerie,* des montres fondantes à sucer dans *Boutique 4 : Horloges, pendules, montres*, une horloge animée qui a l'impression que ses aiguilles tournent dans le mauvais sens dans *Boutique 3 : Psychothérapie d'une pendule*, des horloges qui s'enfoncent dans les murs dans *La spirale*...

Et vous connaissez certainement les montres molles des tableaux de Salvador Dali, voilà une image qui peut aussi vous inspirer pour votre mise en scène.

« Le ping-pong »

Comment mettre en valeur les jeux de langage qui consistent à recréer par l'invention d'onomatopées le bruit de la balle lors d'une partie de ping-pong ? Encore une fois, inutile d'illustrer par des images ce que le langage nous donne à voir. Tentez plutôt de proposer une partie de ping-pong en décalage avec la réalité d'une « vraie » partie de ping-pong.

Et si on jouait au ping-pong en restant immobile, sans raquette ni table de ping-pong ? Voilà qui risque de surprendre vos spectateurs ! Un et Deux s'assoient sur deux chaises face au public, les jambes croisées, et c'est parti pour le match.

Vous pouvez installer entre eux, sur une table à tiroir (pour la balle) et toujours face au public, une télévision diffusant les images d'un match de tennis, sans le son. Posez sur la télévision un aquarium rond avec un poisson rouge nageant à l'intérieur (l'hippocampe) et une balle de ping-pong.

Les deux personnages peuvent dire leur texte sans bouger, sauf, par exemple, pour croiser et décroiser les jambes. Imperturbables et très sérieux, ils regardent toujours le public. Pour eux c'est une situation très banale, tous les cinq ans, ils jouent au ping-pong de cette façon. Pour aller chercher la balle, chacun peut se redresser de profil au-dessus de l'aquarium, y plonger la tête ou la main : à ces moments-là, ils se font face et s'affrontent mais finissent par se rasseoir pour terminer leur partie comme ils l'ont commencée.

Cette mise en scène permet de ne pas « coller » au texte. Les images que vous proposez n'ont rien à voir avec une vraie partie de ping-pong.

Le jeu statique des comédiens et la concentration des accessoires nécessaires (empilés les uns sur les autres entre les deux personnages) permettent de réduire l'espace de jeu au maximum. Cela laisse la possibilité au langage de « prendre » l'espace pour mettre en relief une situation des plus surprenantes. « Pompong ! » et « pitruc ! » Rires assurés.

Les pistes qui vous ont été proposées offrent des points de départ pour mettre en place une représentation possible. Vous pouvez suivre ce fil conducteur, mais toujours en cherchant à expérimenter vos propres inventions pour le décor, les accessoires, le jeu... Chaque apprenti comédien ou metteur en scène doit toujours veiller à faire travailler son imagination pour enrichir ces pistes avec ses propres idées.

Pour en savoir plus

Auteur dramatique, poète, scénariste, homme de radio, acteur de théâtre et de cinéma, les talents de Roland Dubillard sont multiples. Ses œuvres sont donc aussi très variées.

Si vous êtes sensible aux métamorphoses poétiques de notre réalité, notamment aux métamorphoses des objets qui peuplent l'univers de Roland Dubillard, comme des personnages, vous pouvez lire les poésies de *La Boîte à outils* (L'Arbalète, réédition en 1998).

Si vous voulez continuer à entrevoir un monde imaginaire où tout devient possible, vous pouvez lire la nouvelle *Olga ma vache,* car Olga est une vache très particulière... (Gallimard, collection « L'Imaginaire », réédition en 1993).

La plupart des pièces de théâtre sont un peu difficiles, il vous faudra attendre un peu pour lire *Le Jardin aux betteraves, Naïves hirondelles, La Maison d'os*, ou encore «*... Où boivent les vaches*».

En revanche, vous pouvez lire la pièce *Si Camille me voyait...* Il s'agit d'une opérette en vers, sans musique, que Jean Tardieu avait commandée à Roland Dubillard en 1952 pour la radio. Elle raconte l'histoire de Roland de Vitpertuise qui tombe amoureux de Solange d'Autrebane en la voyant passer au bois dans sa baignoire mousseuse tirée par deux chevaux !

Vous pourrez aussi vous régaler avec tous les jeux de langage et les inventions d'onomatopées de *Son compte est bon, badabon !* ou *Et vous, Monsieur, qui êtes-vous ? ratapou* (Mercure de France, collection « Le Petit Mercure », 1997).

Enfin, vous pouvez lire la pièce *Il ne faut pas boire son prochain, Fantaisie monstrueuse en quatre tableaux,* pour petits et grands, qui met en scène quatre monstres (une licorne, un lion, un aigle et un singe) qui, tous les sept ans, doivent boire dix litres de sang humain. Ces monstres organisent une fête pour capturer leurs proies, mais l'intelligence et l'inventivité du héros (*Le gosse*) vont venir troubler leur stratagème... (Gallimard, 1998).

Vous voilà désormais parfaitement « outillés » pour continuer à « aiguiser » votre imagination et votre inventivité en compagnie de Roland Dubillard !

Autres titres de la collection

Jacques Prévert, *À perte de vie*

Jacques Prévert, *Le Beau Langage*

Raymond Queneau, *En passant*

Jean Tardieu, *Finissez vos phrases!*

Jacques Prévert, *Le Bel Enfant*

Loi n° 49-956 du 16 juillet 1949
sur les publications destinées à la jeunesse
ISBN : 978-2-07-054410-3
Numéro d'édition : 178029
Numéro d'impression : 100428
Premier dépôt légal : septembre 2000
Dépôt légal : juin 2010
Imprimé par CPI Firmin Didot